KB260571

현대 일본어학 입문

이묘희

제이앤씨
Publishing Corporation

최근에 일본어를 배우려는

학습자는 계속 증가하고 있고 학습 목적 또한 다양화되어 일본어의 구조나 체계에 대한 지식을 갖고자 하는 요구도 많이 있습니다. 따라서 한국인 학습자가 이해하기 쉬운 일본어학 개론서의 편찬이 절실히 요구되고 있습니다. 그리하여 이 책은 일본어에 대한 개요를 될 수 있는 대로 평이하게 서술하는 것을 목표로 편집한 것이어서, 종래의 원서 중심에서 벗어난 한국인에게 맞는 새로운 일본어학기론 안내서로서 이 책을 집필하게 되었습니다.

본 교재의 구성은

우선 1장에서 일본어에 대한 전체상을 제시하면서 세계 속에서 차지하는 일본어의 위치를 살펴보고, 다음에 음성·음운, 문자·표기, 어휘·의미, 문법 등의 순으로, 각 분야에 있어 일본어 교육 측면에서의 중요 사항이나 현대 일본어의 특질에 대하여 상세히 다루고자 하였습니다. 또한, 경어와 사회언어학에 대해서는 별도의 장을 만들어 언어와 사회와의 관계도 다루었습니다. 각 장마다 기본적이고 대표적인 문헌이나 이 책의 기술에서 참고한 문헌 등을 실어 놓아 이 책의 내용을 이해하는데 도움이 되도록 하였습니다.

이 책은

차례로 순서대로 학습하지 않고 흥미가 있는 분야부터 학습하여도 무방합니다. 아무쪼록 이 책이 일본어를 이해할 수 있는 단서를 제공하여 일본어학에 흥미를 갖고 일본어학의 세계를 탐구할 수 있고 학습할 수 있도록 도움을 주었으면 하는 바람입니다.

이 책을 집필하면서

많은 선행 연구의 도움을 받은 것은 말할 필요도 없습니다. 일일이 전부 열거하지 못한 점 죄송스럽게 생각합니다. 또한 이 책이 나올 수 있도록 도와주신 김민제선생님, 금종애선생님, 그리고 출판을 기꺼이 맡아주신 제이앤씨 출판사 관계자 여러분께 다시 한 번 깊은 감사의 말씀을 드립니다.

2010년 8월

이묘희

7장 | 사회언어학 ··· 205

208　사회언어학의 연구영역

현대 일본어학 입문

1장
일본어란?

현 대 / 일 본 어 학 / 입 문

일본에서 일본어를 의미하는 말로서 전통적으로 그리고 현재에도 '국어'라는 말을 빈번하게 사용하고 있는데, '일본어'와 '국어'는 같은 것을 지칭하는 경우가 대부분이다.

일본어에 대한 연구를 일본어학 또는 국어학이라 한다.

이 장에서는 일본어와 국어와의 관계에서부터 세계 속에서 일본어는 어떠한 위치를 차지하는지, 세계의 여러 언어와 비교하여 어떠한 특색이 있는지, 또한 일본어는 어떠한 계통의 언어인지 그리고 일본어와 친근 관계에 있는 우리말과의 유사점 등도 살펴보기로 한다.

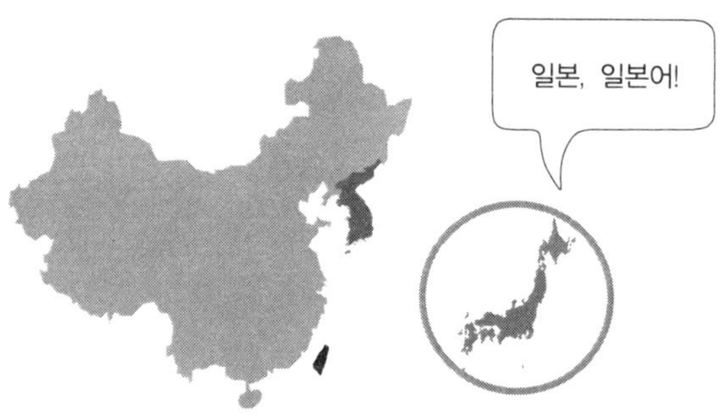

일본어와 국어

일본어와 국어(일본어학과 국어학)

이 책에서 다루고자 하는 것은 일본어인데, 일본어는 '국어'라 말할 때도 있다. 그러면 일본어와 국어는 어떻게 다르고 어느 쪽을 쓰면 좋은 것인가?

일본어와 국어는 공통된 점도 많지만, 다른 점도 적지 않다. 일본어학과 국어학, 일본어사와 국어사 등에서는 거의 같은 내용을 가리킨다. 그러나 일본어교육과 국어교육에서는 가리키는 내용이 달라진다. 전자는 외국인에 대하여 일본어를 교육하는 것이고, 후자는 일본국민에 대하여 일본어를 교육하는 것이다.

'국어'라는 말은 여러 가지를 가리킨다. 사전에서 찾아보면, 국어에 대하여

(i) 국가를 형성하는 구성원이 자국어로서 사용하고, 공통어·공용어가 되어 있는 언어
(ii) (자국어로서의)일본어
(iii) 한자어·외래어에 대한 일본 고유어
(iv) 학교 교육교과의 하나. '국어과'와 같다.

등으로 기술하고 있는데, 일본어에 대해서는 "예로부터 일본 민족이 사용해 온 언어로, 일본국의 공용어"로 되어 있다. 이와 같이 일본어

라는 말의 의미는 한 가지인데 국어라는 말의 의미는 다양하다.

국어라는 말은 역사적으로 보아 에도시대(江戸時代 : 1603〜1867)에도 보이고 있지만, 특히 메이지시대(明治時代 : 1868〜1912) 이후 근대국가로서의 일본국가의 성립에서부터 사용되고 있다.

1897년 우에다 카즈토시(上田万年)는 '국어를 위하여'(国語のために)를 간행하였고, 1900년 '국어'라는 명칭의 교과가 처음으로 사용되었다. 그 후, 교과명 뿐 아니라 그 교과에서 가르치고 있는 일본어도 '국어'라 부르게 되고, 그것이 널리 보급되고 정착되어 오늘날에 이르게 된 것이다.

이에 대하여 일본어라고 하는 경우는 세계의 언어, 예를 들어 영어·프랑스어·독일어 등과 나란히 세계의 언어의 하나로 취급된다.

최근에는 오래된 이미지를 동반한 '국어'를 대신하여, 다른 언어와 상대적 관계인 '일본어'를 즐겨 사용하려고 하는 움직임이 있다. 교과 명칭인 국어는 그렇게 간단히 변하는 것은 아니지만, 연구 분야로서의 명칭인 '국어학'도 '일본어학'으로 해야만 한다는 의견도 적지 않다.

2003년 2월, 일본의 '국어학회'가 2004년부터 '일본어학회'로 명칭을 변경하기로 하였다. 일본어만을 대상으로 한 폐쇄적인 연구방법·이론에서 보편성이 있는 것으로의 전환이 요구되고 있는 것이다.

세계 속의 일본어

20세기 후반이 되면서, 일본 경제의 급격한 발전과 더불어 세계

각국에서 일본어 학습자 수가 급격히 증가하고 있다. 그리하여 교과목으로서의 '국어교육'과 일본어 그 자체를 연구하는 '일본어', 그리고 외국인에게 일본어를 가르치는 '일본어 교육'으로 삼분되었다. 국어교육은 한 국민으로서의 인간 형성에 그 의의를 두고 있는데 반해, 일본어 교육은 이문화 접촉을 위한 상호 이해의 기반을 만드는데 중점을 두고 있다.

세계 각국의 일본어 학습자의 추이를 보면, 국제교류기금(国際交流基金)의 조사에 의하면, 1979년 해외의 일본어 교육 기관에서의 일본어 학습자의 총 수는 약 12만 명이고, 1990년에는 약 100만 명, 1998년에는 약 210만 명, 2006년에는 298만 명으로 1979년과 비교하면 약 24.8배가 증가하였다.

국제교류기금 일본어센타편 '해외의 일본어 교육의 현황(2006년)'에서 본 일본어 학습자 수 상위 10개국은 다음 표와 같다.

나라별 일본어 학습자수

일본어학습자수 순위	나 라 별	학 습 자 수
1	한국	910,957
2	중국	684,366
3	오스트레일리아	366,165
4	인도네시아	272,719
5	대만	191,367
6	미국	117,969
7	태국	71,083
8	홍콩	32,959
9	베트남	29,982
10	뉴질랜드	29,904

인구 비율로 보면 한국은 52명당 1명이, 오스트레일리아는 55명당 1명꼴로 일본어를 학습하고 있다. 이에 대하여, 인구가 많은 중국은 1900명당 1명이, 미국은 2500명당 1명이 일본어를 학습하고 있다. 특히, 우리나라는 인구 당 학습자 수가 가장 많고, 교육기관 수, 교사 수도 제 1위를 차지하고 있다. 이는 1973년 고등학교 제 2외국어 선택에 일본어의 추가, 4차에 걸친 일본 대중 문화의 개방, 한일 축구 월드컵 공동 개최, 공교육에서의 일본어 교육의 확대 등으로 인하여 오늘날 우리나라의 일본어 교육은 세계 최대의 규모가 되었다고 보여진다.

일본어 학습자의 대부분은 동아시아, 동남아시아, 오세아니아가 차지하고 있으며, 세 지역의 일본어 학습자 수는 전 세계의 약 9할을 차지하고 있다.

아시아·태평양 시대라고 불려지는 지금, 이와 같이 일본어는 아시아·태평양권에 있어서 국제성 있는 언어로서 그 기반을 점차 굳혀가고 있고, 더 나아가 일본어는 일본인만의 일본어, 소위 폐쇄된 언어가 아니라 세계 속의 일본어, 소위 개방된 언어로서의 기반을 점차 굳혀가고 있음을 알 수 있다.

공용어

일본에서는 일본어만이 공용어로 사용되고 있다. 그러나 공용어가 한 나라에 하나의 언어로 한정되지는 않는다. 하나의 언어가 두 개국

이상에서 공용어로 사용되는 경우도 있다. 예를 들면, 영어는 영국뿐만 아니라 미국·캐나다·오스트레일리아·뉴질랜드 등에서도 공용어로 되어 있다.

반대로, 나라에 따라서는 반드시 공용어가 하나인 것은 아니다. 하나의 국가에서 두 개 이상의 공용어가 사용되는 경우도 많다.

예를 들면, 캐나다에서는 영어·프랑스어가, 벨기에에서는 네덜란드어·프랑스어가, 스위스에서는 독일어·프랑스어·이탈리아어·레토로망어의 4개 언어가 사용되고 있으며, 인도에서는 주의 공용어로서 힌디어·아셈어·벵갈어·타밀어·산스크리트어 등 18개 언어를, 그 중에 힌디어는 연방 공용어로, 전 인도의 공용어로서는 영어가 사용되고 있다.

이와 같은 관점에서 본다면, 일본처럼 한 나라에 공용어가 하나라고는 할 수 없다.

여러 언어가 쓰인 인도 화폐

* 인도의 화폐는 다인종, 다언어의 사회적 특성을 감안하여 뒷면 왼쪽에 헌법상 공용어인 15개 언어로 금액을 표시하고 있다. 그림은 위에서부터 1997년에 발행된 500루피 지폐의 앞면·뒷면과 1996년에 발행된 10루피 지폐의 뒷면.

일본어의 위치와 특색

언어학자들에 의하면, 이 지구상에는 6,000여개의 언어가 사용되고 있으나, 이 중 90%가 10만 명 이하의 인구가 사용하고 있는 것으로 알려져 있다. 그러면, 일본어는 세계의 여러 언어 중에서 어떠한 위치를 차지하고 있는 것일까?

세계의 언어 중에서 가장 많은 언어 인구를 차지하고 있는 언어는 13억 이상이 사용하고 있는 중국어이다. 일본어도 사용자가 1억 2천 이상으로 세계의 10위 안에 드는 대언어로 자리 잡고 있다. 이와 같이 일본어는 대언어의 하나임에 틀림없지만, 다른 대언어에 비하면 제 2언어로서의 사용자가 적다고 할 수 있다.

그러면 일본어는 세계의 여러 언어와 비교하면 어떠한 특색을 가진 언어일까? 몇 가지 특징을 들어보면 다음과 같다.

우선, 음운면에서는 음절 구조가 개음절(開音節)구조라는 특색을 지니고 있으며, 발음절(撥音節)과 촉음절(促音節)이라는 두 가지 특수한 음절을 제외하면 모두 개음절이 된다. 첫 음절이 r음으로 시작되는 단어가 없고, 또 자음이 두 개 연속되지 않는다. 음절수도 111(발음절, 촉음절, 장음절을 더한 수)로 적고, 현대 영어의 수천, 현대 중국어의 411과 비교해보면 그 수가 적은 것이 확연하다. 악센트는 고저악센트로, 강약악센트는 지니지 않는다. 또한, 상대 일본어는 모음조화(母音調和)가 있었다고 본다.

어휘면에서는 음절 종류가 적기 때문에 동음이의어가 많고, 의성어·의태어 및 그것들을 어원으로 하는 단어가 많다. 어휘 수에서 본다면, 생선이나 벼농사 관계의 어휘 및 나무·비 등의 이름이 풍부하지만 신체부위·가축·광물·별 이름은 적다. 또한, 조건 차이에 의해 여러 다른 체계 = 위상, 즉, 남성어와 여성어, 유아어와 노인어, 아어와 속어, 일반어와 특수어, 공통어와 방언 등으로 나뉜다. 경의를 나타내는 경우, 별도의 말을 쓰는 경우가 있다.

문법적으로는 문을 맺고 끊는 것이 명확하고, 체언에는 성·수·격의 제한이 없다. 지시 대명사는 「コソアド」체계를 갖추고 있고 수사는 세는 대상에 따라 어휘가 바뀐다. 용언에는 활용이 있고, 이 활용(어형변화)은 일정양식의 형태를 취한다.

조사는 영어 등의 명사의 격변화·종속접속사·일부 부사의 기능 역할 외에 전치사의 역할을 한다. 수식어는 피수식어에 선행하며, 타동사는 목적어 뒤에 위치하고, 화자의 판단은 문말에서 결정된다.

문자 조직은 복잡하고, 한자·히라가나·가타카나·로마자·아라비아 숫자 등을 혼용하고 있다는 점에서 독특하다고 할 수 있다. 최근에는 가로쓰기가 많아졌지만, 원래는 세로쓰기를 하였다.

일본어의 특징을 유형론의 입장에서 논하기도 하는데, 여기에서는 특별히 다루지 않고, 개개의 일본어의 특징에 대해서는 다음 장 이하에서 다루기로 한다.

일본어의 계통

언어의 계통과 분류

두 개의 언어가 공통의 조상에서 분화되어 왔다고 할 때, 양 언어는 '계통 관계에 있다'는 말을 한다. 같은 계통이라 여겨지는 언어끼리의 비교에 의해 그 공통조어(共通祖語, parent language)를 재건하고, 거기에서 언어의 역사를 합리적으로 설명하는 것을 목적으로 하는 연구를 비교 언어학(comparative linguistics)이라 한다. 계통이 분명치 않은 어떤 언어의 계통을 논할 때에는 '계통론'(系統論)이라는 용어도 사용된다. 비교 언어학은 19세기에 독일을 중심으로 발달하여 인도·유럽제어에 속하는 언어의 상호 관계를 분명히 함과 동시에 음규칙의 발견 등을 통하여 언어의 친족 관계를 증명하는 방법을 확립해 갔다. 그러나 인도·유럽어족 계통 연구에서 확립된 연구방법을 다른 계통의 언어연구에 그대로 적용하는 데에는 적지 않은 문제점이 있다.

일본어의 계통

일본어가 어느 계통에 속하는지에 대하여, 현재까지 실로 많은 설이 제창되어 왔다. 근린의 언어로서는, 한국어, 알타이 제어, 미얀마어, 오스트로네시아어, 또, 근년에는 드라비다어 등, 많은 언어와 비교하여 그 계통을 밝히려고 한다. 계통설을 크게 나누면 알타이 제어와의 계통설(북방설)과 남방아시아 제어와의 계통설(남방설)로 정리

된다.

알타이 제어와 일본어 사이에는 어순의 유사, 모음조화가 있었고, 인칭·성·수·격에 의한 변화가 없는 점, r음으로 시작되는 것이 없는 점 등의 유사점이 지적되고 있다. 그러나, 동계를 증명하기에는 대응된다고 추정되는 단어의 친족성이 극히 적다. 일본어 계통을 남방에서 구하는 설도 있다. 크메르어 등의 남아시아 제어와 비교하면, 신체명, 지형명, 동물명 등에 일본어와 유사한 단어가 있다고 한다. 그러나 음운법·형태론·통어법 등의 세부 분야에 있어 범주를 달리 하므로 동계를 증명하기에는 거리가 멀다. 같은 관점으로 말레이폴리네시아 제어, 티벳트버마 제어, 드라비다 제어에 대해서도 말할 수 있다.

이와 같이 일본어는 알타이 제어의 요소를 많이 지니면서 한편으로는 남방 제어의 요소도 지닌 복잡한 언어이기 때문에 일본어 계통은 아직도 밝혀지고 있지 않다.

세계의 언어 중에는 계통이 밝혀지지 않은 언어가 적지 않게 존재한다. 비교언어학이 인도·유럽어족의 연구에 현저한 성과를 남길 수 있었던 것은 대상으로 한 언어 환경이 풍부했기 때문이다. 일본어에는 동 계통이라 여겨지는 자명한 언어가 존재하지 않는다. 그러므로 금후, 일본어의 계통, 혹은 기원이 분명해지는 것은 기대하기 어려울 것 같다.

한국어와의 유사성

  우리말과 일본어는 음운, 문법, 어휘면에서 많은 유사점이 있다. 즉, 고대에 모음조화가 있었고, 어두에 r음이 오지 않고, 인칭·성·수·격에 의한 변화가 없으며, 전치사가 없고 후치사를 사용하며, 수식어는 피수식어 앞에, 목적어는 동사 직전에 온다는 것 등 유사점이 많다. 그러나 두 언어 사이에는 대명사, 시상, 어미의 문법기능, 경어표현, 수동표현의 차이 등 어휘와 문법적 요소에 있어 상당한 차이가 있고 정밀한 음운 대응 규칙을 설정하기가 어려운 점이 있다.

  이와 같이 양 언어는 많은 유사점에도 불구하고 동계임을 증명하기에는 많은 난관이 존재하고 있다. 일본의 일부 학자들이 주장하는 것처럼 일본어가 말레이폴리네시아계로 추정되는 남방계의 언어가 기층을 이루고 퉁구스계로 추정되는 북방계의 언어가 상층을 형성함으로써 이루어진 혼합어란 점이 원인일 수도 있다. 이런 이유로 일본어가 우리말과 구조 및 어휘에 있어 상당한 유사점을 가지고 있음에도 불구하고 현재로서는 이들 사이의 친근 관계는 상대적으로 먼 것으로 볼 수밖에 없다.

일본어에도 모음조화가 있었다!

현대 일본어에는 アイウエオ 다섯 개의 모음과 ヤユヨ 세 개의 반모음이 있다. 한국어(단모음 10개와 이중모음 11개, 총 21개)에 비해 그 수가 현저하게 적으므로 모음조화를 생각할 여지가 없는데, 상대특수가나표기법의 연구 과정에서 고대 일본어에는 어근 안에 나타나는 모음의 출현 방법에 제약이 있음이 밝혀졌다.

상대특수가나표기법이란 イ・エ・オ 3단의 カサタナハマヤラ의 각행과 그 탁음행의 음절의 소리가 두 종류로 구별되어 나타나는 것을 말한다. 따라서 나라(奈良)시대의 모음은 a i ï u e ë o ö의 8종류로 i e o는 현대어와 같은 음이고, ï ë ö는 중설모음으로 추측된다. 이들 모음이 결합할 때 한 단어 안에서 갑류의 オ단음과 을류의 オ단음은 공존하지 않으며, 갑류의 ア단 ウ단 オ단음은 동일 어근 내에 공존하지만, 을류의 オ단음과는 거의 공존하지 않는 모음조화 경향이 있다는 것이다.

고대 일본어에서의 모음조화 발견은 일본어를 알타이어나 우랄어 계통으로 보는 쪽에 힘을 실어 주게 되었다. 아직 결론은 나지 않고 있지만.

伊坂淳一(1997)、ここから始まる日本語学、ひつじ書房

沖森卓也・木村義之・陳力衛・山本真吾(2006)、図解日本語、三省堂

加藤彰彦・佐治圭三・森田良行編(1989)、日本語概説、桜楓社

北原保雄編著(1995)、概説日本語、朝倉書店

金田一春彦(1988)、日本語新版上・下、岩波新書

金田一春彦・林大・柴田武編(1988)、日本語百科大事典、大修館書店

国際交流基金編、海外の日本語教育の現状－日本語教育機関調査・2006－
　　　　(概要版)

国語学会編(1980)、国語学大辞典、東京堂出版

日本語教育学会編(2005)、新版日本語教育事典、大修館書店

古田東朔(1994)、日本語学概論(改訂版)、放送大学教育振興会

2장
일본어의 음성·음운

현 대 / 일 본 어 학 / 입 문

우리는 우리의 머릿속에 있는 생각을 언어를 통해 다른 사람에게 전달한다. 언어는 '문'이라는 단위에 의해 전달되는데 문은 음성이나 문자에 의해 전달되는 것을 기본으로 한다. 이런 의미에서 음성은 언어 연구의 기본 요소이다.

이 장에서는 일본어 말소리가 만들어지는 기본 원리와 일상생활에서 사용되는 말소리의 실제 모습을 객관적으로 이해함으로써 일본어 말소리를 정확하게 습득하는 것을 목표로 하여, 음성의 기본 개념과 일본어의 음성, 음운의 특징에 대하여 살펴보기로 한다.

음성에 대한 기본 지식

음성이란?

우리는 수많은 소리에 둘러싸여 살아간다. 새 소리, 물 흐르는 소리, 개 짖는 소리, 자동차 엔진 소리, 전화벨 소리 등 많은 소리가 있지만 이런 소리는 음성이 아닌 자연음으로 음성이라고 하지 않는다.

그럼 음성이란 무엇을 지칭하는 것일까? 언어연구의 대상이 되는 음성은 사람의 언어행동 중 음성 기관에 의해 만들어진 소리에 국한된다. 그러나 외치는 소리, 울음소리, 기침 소리 등은 음성기관에 의해 나타나는 것이지만 언어음으로서의 음성 안에는 포함되지 않는다. 또한, 혀 차는 소리, 기침 소리, 코끝에서 "흥"하고 경멸하는 소리 등의 주관적인 내용을 나타내는 것은 표정음이라 하여, 동물의 울음소리 등의 묘사, 놀랐을 때의 "우와" 등의 음 상징 등과 함께 비언어음으로 일괄된다.

따라서 음성은 '사람의 의지나 감정, 소리 등을 전달하기 위하여 음성기관을 통하여 실제로 만들어지는 구체적인 소리'이다. 이 음성은 사람에 따라 다르고 같은 사람이 말하더라도 때에 따라 상황에 따라 다르게 나는 물리적이며 구체적인 개별음이다. 조건에 따라서 다르게 나타나는 말소리의 구체적인 모습은 음색(音色)이라고 한다.

비언어음과 언어음

음성학

음성을 연구하는 분야를 음성학이라 하고, 다음과 같이 크게 세 가지로 나뉜다.

(i) 조음음성학

　　(음성을 낼 때 음성기관을 어떻게 움직이는 가에 대한 연구)

(ii) 음향음성학

　　(표출된 음성의 물리적 연구)

(iii) 청각음성학

　　(사람이 음성을 어떻게 듣고 인지하는 가에 대한 지각의 연구)

여기에서는 조음음성학의 입장에서 일본어의 음성을 개관하기로 한다.

음성기관

　언어음을 내는데 필요한 기관을 총칭해서 음성기관이라고 한다.
우리 몸에서 음성 기관으로 독립되어 있는 기관은 없으며, 소화 기관
으로 사용되는 입술, 혀, 이 등과 호흡 기관인 폐, 후두 등의 기능을
빌어서 음성이 만들어진다. 다음 그림은 음성기관으로 사용되는 성
도(声道)의 단면도이다.

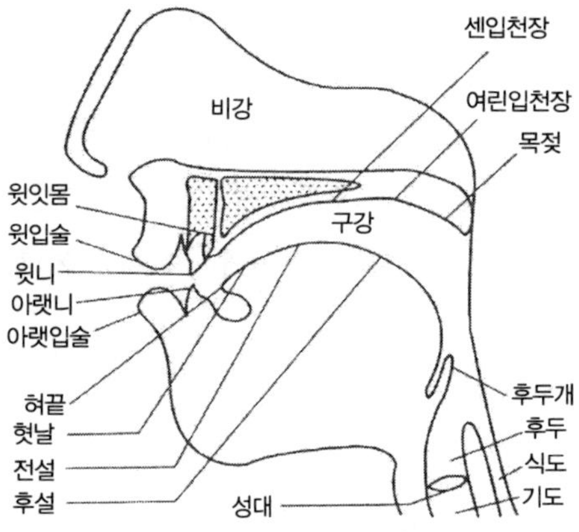

음성 기관

일본어의 음성과 음소

음성과 음소

　음성은 물리적으로 존재하는 「파롤(parole)로서의 음성」과 그 언어를 사용하는 사람의 지식 속에 존재하는 추상적인 존재인 「랑그(langue)로서의 음성(음소)」으로 나누어진다.

　우선, 「かかり(係)」라는 단어에서 첫 번째 「か」와 두 번째 「か」의 /k/에 대하여 살펴본다. 「かかり(係)」의 첫 번째 「か」와 두 번째 「か」는 같은 혀와 입천장을 이용하여 날숨의 흐름을 막았다가 터뜨려 내는 소리로 같은 조음위치에서 같은 방법으로 발음되지만, 첫 번째의 「か」는 발음할 때 날숨이 입 밖으로 나오는데 비해서 두 번째 「か」는 날숨이 기의 나오지 않는다. 이처럼 구체적 소리 하나하나를 「음성(音声)」이라 한다. 그러나, 음소 /k/가 어두와 어중에서 달리 실현되었지만 이 첫 번째 「か」와 두 번째 「か」를 바꾸어 발음한다고 단어의 의미가 바뀌지는 않는다. 이렇게 한 음소가 환경에 따라 음성적으로 달리 실현되어 발음상 다르기는 하지만 단어의 의미를 바꾸지 않는 음성을 변이음이라고 한다.

　한편, 일본어의 「だいがく(大学)」와 「たいがく(退学)」는 「だ」와 「た」에 의해서 단어의 뜻이 구별되므로 /t/와 /d/가 각각 별개의 음소라는 것은 쉽게 생각할 수 있다. 이와 같이 단어의 뜻을 구별해 주는 기능을 가진 소리의 단위를 「음소(音素)」라 한다.

따라서 음성이 구체적이며 물리적인 속성을 지닌 것이라면, 음소는 추상적이며 심리적인 것이다. 음성의 최소 단위는 단음으로 [ ]안에 넣어 표기하며, 음운의 최소 단위는 음소로 / / 안에 넣어 표기한다.

음소와 이음

최소 대립어

앞에서 예를 든 「だいがく(大学)」와 「たいがく(退学)」처럼 하나의 단음을 바꾸어 넣음으로써 의미 차이가 생기는 한 쌍의 단어를 최소 대립어(最小対立語, minimal pair)라 한다. 어느 언어에서 최소 대립어가 존재한다는 것은 서로 다른 두 개의 음소가 존재한다는 것이 되므로, 위의 예에서 /t/와 /d/가 서로 다른 음소 관계라는 것을 알 수 있다. 따라서, 최소 대립어는 음소 추출의 방법으로 이용된다.

이음과 상보분포

일본어의 ハ행 자음은 다음과 같은 환경에서 나타난다.

/h/ → [h] : [a][e][o]의 앞

[ç] : [i]의 앞

[ɸ] : [ɯ]의 앞

이 분포를 보면 [h]와 [ç], [ɸ]는 반드시 정해진 모음 앞에서만 실현됨을 알 수 있다. 이와 같이 음성적으로 비슷한 음이 서로 상대방이 나타나지 않는 위치에만 나타나는 현상을 상보분포(相補分布)라 한다.

상보분포를 이루는 음 하나하나는 조건이음(条件異音)이라 하며 이들 음은 하나의 음소로 정리되고, 여기에서는 음소 /h/가 추출된다.

일본어의 음소

이상과 같은 방법으로 분석해 보면 다음과 같은 일본어의 음소를 추출할 수 있다.

모음 음소(5)	/a, i, u, e, o/
자음 음소(13)	/p, b, t, d, c, k, g, s, z, t, r, m, n/
반모음 음소(2)	/j, w/
특수음소(3)	/N/(발음), /Q/(촉음), /R/(장음)

일본어의 모음과 자음

　폐에서 올라온 날숨이 성도를 지나 밖으로 배출되는 과정에서 아무런 방해도 받지 않고 자연스럽게 만들어지는 말소리를 모음이라고 하고, 날숨의 흐름이 방해를 받아서 만들어지는 말소리를 자음이라 한다. 한편, 자음과 같은 역할을 하면서 모음처럼 발음되는 말소리를 반모음이라 한다.

　그럼, 일본어의 모음과 자음은 어떻게 분류되는지 살펴보자.

모음의 분류

모음

　모음은 폐에서 올라온 날숨이 성도를 통과하여 밖으로 배출될 때 입술의 둥근 정도와 혀와 입천장 사이의 간격, 그리고 혀의 전후 위치에 따라서 음색이 결정되는데, 일본어에는 아래와 같이 5개의 모음이 있다.

　あ : 비원순 후설 광모음
　い : 비원순 전설 협모음
　う : 비원순 후설 협모음
　え : 비원순 전설 중모음
　お : 원순 후설 중모음

일본어의 다섯 모음 중「あ, い, え, お」는 한국어의 '아, 이, 에, 오'와 그 음가가 매우 비슷하기 때문에 한국인 학습자가 발음하기에 전혀 어려움이 없다. 그런데 「う」는 한국어의 '으'와 '우'의 중간음의 음가를 가진 소리이므로 지나치게 입술을 오므려 발음하거나 지나치게 평평하게 편 채로 발음하지 않도록 주의해야 한다.

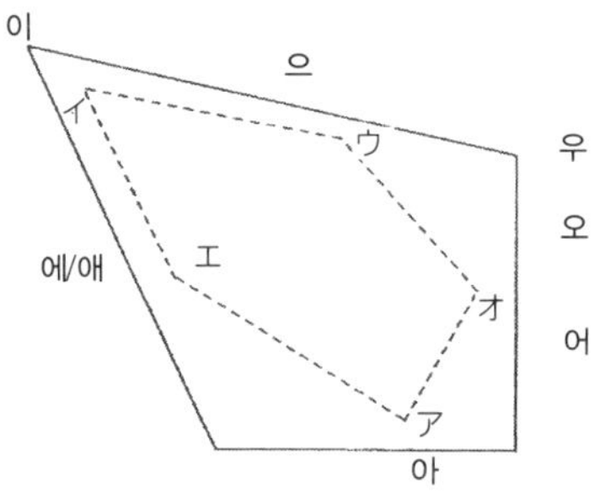

한국어와 일본어 모음 비교

반모음

특징은 모음에 가깝지만, 그보다 입벌림이 큰 모음의 앞에 나타나서 짧고 약하게 발음되어, 바로 다음 모음으로 옮겨가기 때문에 음절의 중심이 되지 못하고 자음과 같은 역할을 하는 음을 반모음이라 한다.「ワ, ヤ, ユ, ヨ」가 여기에 속한다.

　　[w] : わ의 반모음
　　[j]　: や, ゆ, よ의 반모음

모음의 무성화

「학생」을 일본어로 「がくせい(学生)」라고 한다. 이 단어를 들어보면 [gakɯse :]로 들린다. 이는 무성자음 [k]와 [s] 사이에서 모음 [ɯ]가 입모양만을 유지하고 성대의 진동이 없이 무성화되었기 때문이다. 이런 현상을 「모음의 무성화」라고 하는데 '무성자음 사이에 있는 협모음 [i]나 [ɯ]가 성대 진동을 동반하지 않는 현상'이라고 할 수 있다. 이와같이 무성화 현상은 협모음 [i]나 [ɯ]가 무성자음 사이에 놓이거나, 어말의 무성자음 뒤에 놓였을 때 무성화하기 쉽다. 어두에서 무성 자음 앞에 오는 [i]나 [ɯ]에도 무성화가 관찰된다. 무성화한 모음은 모음 밑에 기호 [。]를 붙여 「クサ」 [kɯsa]로 표기한다.

자음의 분류

자음은 날숨이 성도를 통과하여 밖으로 배출되는 과정에서 날숨의 흐름이 일시적으로 차단되거나 방해를 받아서 만들어진다. 예를 들면, 날숨이 성문을 통과할 때 성문이 느슨하게 닫혀서 성대가 진동하느냐(성대 진동의 유무), 날숨의 흐름이 어느 곳에서 차단되거나 방해를 받느냐(조음 위치), 그 방해의 유형이 무엇이냐(조음 방법)에 따라서 자음 고유의 음색이 결정된다.

カ행 자음 : 무성연구개파열음 [k].

ガ행 자음 : 단어의 첫머리에 올 때는 [k]의 유성음 [g]. 어두 이
외에서는 원칙으로 호기가 코로 나가는 연구개비
음 [ŋ]이 되는데, [ŋ]이 되는 것을 「ガ행 비탁음」이
라고 한다.

サ행 자음 : サ・ス・セ・ソ는 무성치경마찰음 [s].
「シ」는 조음점이 다른 무성치경경구개마찰음 [ʃ].

ザ행 자음 : ザ・ズ・ゼ・ゾ는 [s]의 유성음인 [z]나 [dz]. 어두에
서는 [dz], 어중이나 어말에서는 [z]. ジ는 어두에서
는 [dʒ]이고, 어중이나 요음이 붙는 경우에는 [ʒ].

タ행 자음 : タ・テ・ト는 무성치경파열음 [t].
チ의 자음은 무성치경경구개파찰음 [tɕ], ツ의 자음
은 무성치경파찰음 [ts].

ダ행 자음 : ダ・デ・ド의 자음은 유성치경파열음 [d].
ヂ의 자음은 [ʒ], ヅ의 자음은 [z]. (ジ・ズ와의 발음
상 구별은 없다)

ナ행 자음 : 유성치경비음 [n].
ニ의 자음은 조음점이 경구개이므로 경구개비음을
나타내는 [ɲ]로 쓴다.

ハ행 자음 : ハ, ヘ, ホ의 자음은 "하~"하고 숨을 내쉴 때에 나
오는 무성성문마찰음 [h].
ヒ의 자음은 무성경구개마찰음 [ç].

フ의 자음은("후"하고 숨을 불 때 나오는) 무성양순마
찰음 [ɸ].
이들은 조음상 꽤 다른 자음이지만 청각적으로는
유사하게 들린다.

パ행 자음 : 무성양순파열음 [p].

バ행 자음 : 유성양순파열음 [b].

マ행 자음 : 유성양순비음 [m].

ヤ행 자음 : 반모음 [j].

ラ행 자음 : 유성치경탄설음 [ɾ]. 이것을 편의상 [r]로 나타내기
도 한다.

ワ행 자음 : ア단에 반모음 [w]. ア행의 「イ, ウ, エ, オ」와 발음
의 구별이 없다.

각 행의 자음은 단에 따라, 다시 말해 후속 모음의 차이에 따라서
조음점이 조금씩 달라진다. 특히 모든 행에서 イ단의 자음에서는 조
음점이 꽤 경구개 쪽으로 쏠리는 경향이 있는데, 이것을 「구개화」라
고 한다.

일본어의 자음

조음법 \ 조음점		양순음	치(경)음	치경 경구개음	경구 개음	연구 개음	구개 수음	성문음
비음	유성음	m	n		ɲ	ŋ	N	
파열음	무성음	p	t			k		ʔ
	유성음	b	d			g		
마찰음	무성음	ɸ	s	ʃ(ɕ)	ç			h
	유성음		z	ʒ(ʑ)				
파찰음	무성음		ts	tʃ(tɕ)				
	유성음		dz	ʤ(ʥ)				
탄설음	유성음		ɾ					

촉음은 어떻게 발음하나?

일본사람들은 물 속에, 대여섯 살 아이만한 몸집에 얼굴은 호랑이를 닮았으며 정수리에 홈이 있어 물을 담고 있는 모습의 「かっぱ(河童)」가 살고 있다고 상상한다. 이 「かっぱ」는 육지에서도 살지만 물 속에 있으면 힘이 세져 물 밖의 동물을 물 속으로 당겨와 잡아먹는다고 하는데, 아쿠타가와의 단편소설의 주인공이기도 한 「かっぱ」를 한글로 표기하면 '갓빠'이지만, 실제 발음도 '갓빠'일까?

일본어의 한글 표기 시에는 외래어 표기법에 따라 일본어의 촉음 「っ」는 'ㅅ'으로 통일해서 적는다. 촉음 「っ」는 우리말의 받침 'ㅅ'과 유사한 면이 있지만 그렇다고 똑같지는 않으며, 아울러 모든 촉음이 'ㅅ'받침으로 발음되지도 않는다.

일본어의 촉음은 무성자음 [p, t, k, s, ʃ]의 앞에 나타나는데, 뒤에 올 자음을 발음하기 위한 상태로 날숨의 흐름을 한 박자만큼 차단했다가 개방하며 후속 자음으로 이어 발음한다.

일본어의 촉음은 뒤에 오는 자음의 음성적 특징에 따라서 다음 다섯 개의 변이음으로 발음된다.

[k] : 「か」행 앞. いっかい [ikkai]

[s] [ʃ] : 「さ」행 앞. いっさい [issai]   いっしょ [iʃʃo]

[t] : 「た」행 앞. いったい [ittai]

[p] : 「ぱ」행 앞. いっぱい [ippai]

촉음은 원칙적으로 무성자음 앞에 오며, 그 무성자음이 지속되어 발음되지만, 「ベッド[beddo]」와 「エッグ[eggɯ]」의 예처럼 외래어의 경우에는 유성자음 앞에도 촉음이 나타나기도 한다.

일본어의 촉음은 하나의 음소로, 그 유무에 따라서 단어의 의미가 구별되므로 촉음이 있는 단어는 한 박자를 넣어 그 발음을 확실히 하여야 하는데, 촉음의 유무에 따라 의미가 달라지는 단어의 예는 다음과 같다.

촉음의 유무에 따라 의미가 달라지는 단어

촉음 없음	촉음 있음
いき(息)	いっき(一気)
いさん(遺産)	いっさん(一盞)
おと(音)	おっと(夫)
スパイ	すっぱい(酸っぱい)

발음(撥音)은 어떻게 발음하나?

'일본'을 일본어로「にっぽん」또는「にほん」이라고 한다. 촉음 발음 규칙상「にっぽん」의「っ」는「ぽ」의 영향으로 [p]로 발음되는데, 그럼 마지막의「ん」은 어떻게 발음될까?

「ん」으로 표기하는 일본어 발음은 촉음과 마찬가지로 뒤에 오는 자음의 영향을 받으므로「にほん」「にほんご」「にほんじん」의「ん」은 각기 다른 음가를 지닌다. 구체적으로는 후속 자음의 종류에 따라 다음 여섯 개의 변이음으로 발음된다.

[m]　　:「ま・ば・ぱ」행 앞. さんばい [sambai]

[n]　　:「さ・ざ・た・だ・な・ら」행 앞. さんだい [sandai]

[ɲ]　　:「に」앞. さんにん [saɲɲin]

[ŋ]　　:「か・が」행 앞. さんかい [saŋkai] あんがい [aŋgai]

[N]　　: 어말. さん [saN]

[ṽ](v : 모음) : 모음 앞. ほんや [hoĩja]

음절구조

음절이란?

일본어는 다른 언어에 비해 자모 수가 적은 편이며, 음절 구조가 알기 쉬워서, 일본어의 발음은 단순하다고 한다. 여기서 음절이란 무엇이고, 일본어의 음절 구조는 어떤지 알아보자.

음절(音節)이란 하나로 발음되는 최소의 단위를 말하는 것으로, 하나의 모음을 핵으로 하여 만들어진다. 예를 들어 「ア[a]」는 모음만으로 된 음절이고, 「メ[me]」는 모음 앞에 자음이 붙은 음절이다.

음절에는 모음 또는 이중 모음으로 끝나는 개음절(開音節)과 자음으로 끝나는 폐음절(閉音節)이 있다. 우리말의 '바'의 음절 구조는 'ㅂ(C)+ㅏ(V)'인데, 이와 같이 모음으로 끝나는 음절을 개음절이라 한다. 한편, '밥'의 음절구조는 'ㅂ(C)+ㅏ(V)+ㅂ(C)'인데, 이와 같이 자음으로 끝나는 음절을 폐음절이라 한다.

일본어 음절은 「ほん」과 같은 특수한 경우를 제외하면 모음으로 끝나는 개음절이다. 일본어에서 외래어를 받아들일 때 모음이 삽입되는 것은 바로 일본어 음절 구조가 개음절이기 때문이다.

음절과 박(拍)

이와같이 일본어 음절은 그 이상 구분해서 발음할 수 없는 음성의

단위라고 할 수 있다. 그러나, 촉음, 발음, 장음을 1 음절로서 인정할지에 대해서는 문제가 되고 있다. 예를 들면, 「ニッポン」의 경우, ニ・ッ・ポ・ン의 4음절, ニッ・ポン의 2음절로 하는 견해가 있다. 촉음, 발음은 선행하는 모음과 연속하여 발음되지만, 하이쿠(俳句)나 단카(短歌)에서는 촉음과 발음도 1음률로 계산하게 되어 있다.

이처럼 시간적 길이에 착안하여, 같은 길이로 발음되며(등시성), 오십음도의 가나 1 문자에 상당하며, 그 이상 더 나눌 수 없는 단위를 박(拍) 또는 모라(モーラ)라 한다.

아줌마와 할머니의 구분(장음·단음 구별)

우리말에 장단의 구분이 있다고는 하지만 이를 구분해서 쓰는 사람은 많지 않다. "어젯밤에 밤을 먹었다"고 말할 때 '먹는 밤'을 '어젯밤'의 밤보다 길게 발음하는 사람이 몇이나 될까?

우리말과 달리 일본어는 장단음의 구별이 확실하여 장단음의 차이로 단어의 의미가 달라진다.

예를 들어 일본어로 아줌마는 「おばさん」이고 할머니는 「おばあさん」으로 거의 비슷한데, 발음상의 구체적인 최소 단위인 음절단위로 보면 「おばさん」은 「お・ば・さん」의 3음절이고 「おばあさん」역시 「お・ばー・さん」의 3음절이다.

의미상으로는 확연한 차이가 있는 단어이지만, 두 번째 음절 「ば」가 장음인지 단음인지만으로 구분이 되니 장단음의 역할이 크다. 실

제 일본인의 발음을 들어보면「おばあさん」에서「ばー」음절은「お
ばさん」의「ば」음절보다 약 두 배의 길이로 느껴진다.

　이러한 장음절도 와카(和歌)나 하이쿠(俳句)에서는 촉음과 발음에
서처럼 2음률로 계산하게 되어 있다. 그러므로 예를 들어「あめがふ
る」라는 문장은 5음절, 5박으로 음절수와 박의 수가 같지만,「おおあ
めになった」는 6음절, 8박으로 음절수와 박의 수가 일치하지 않는다.
장음을 표기할 때 あ단의 장음은「あ」를 덧붙여 표기하고, い단의
장음은「い」를, う단의 장음은「う」를 덧붙여 표기한다. え단의 장음
은「え」또는「い」를 덧붙여 표기하고, お단의 장음은「お」또는
「う」를 덧붙여 표기한다. 장단음으로 의미가 달라지는 예는 다음
과 같다.

장단음으로 의미가 달라지는 예

장 음	단 음	장 음	단 음
おばあさん	おばさん	カード(card)	かど(角)
おじいさん	おじさん	ビール(beer)	ビル(building)
くうき(空気)	くき(茎)	えいご(英語)	エゴ(ego)
こうこう(高校)	ここ	メーカー(maker)	メカ(mechanism)

악센트

일본어의 악센트

일본어에는 동음이의어가 많다. 예를 들어, 「あめ」라는 단어는 '비(雨)'의 의미와 '엿(飴)'의 의미가 있는데, 일본사람들은 이 단어의 악센트 차이로 의미를 구분한다.

세계 언어의 악센트에는 「고저 악센트(pitch accent)」와 「강약 악센트(stress accent)」가 있다. 일본어는 「고저 악센트」에 속하는 언어로 「雨(あめ)」와 「飴(あめ)」의 악센트는 각각 「アメ(高低)」, 「アメ(低高)」이며 이것을 발화자의 의지나 감정에 따라 마음대로 변경할 수 없다.

일본어의 악센트는 악센트의 핵(소리의 내리막)의 유무에 따라서 나눈다. 악센트 핵이 없는 것을 「평판식(平板式)」이라고 하고, 악센트 핵이 있는 것을 「기복식(起伏式)」이라고 한다. 여기서 기복식은 다시 악센트 핵의 위치에 따라 「アメ(高低)」처럼 제1음절이 높은 「두고형(頭高型)」과 「アメ(低高)」처럼 마지막 음절이 높은 「미고형(尾高型)」, 그리고 「あなた(低高低)」처럼 악센트 핵이 가운데 있는 「중고형(中高型)」이 있다. 평판형과 미고형의 구분은 뒤에 연결되는 조사의 높이에 따라 판단된다.

일본어 도쿄 방언 악센트의 형 및 그 표기법

	평 판 식	기 복 식			
	평 판 형	미 고 형	중　고　형		두 고 형
a	トモダチ	イモート	ミズウミ	ウグイス	コーモリ
b	トモダチ	イモート	ミズウミ	ウグイス	コーモリ
c	○●●●▶	○●●●▷	○●●○▷	○●○○▷	●○○○▷
d	/○○○○/	/○○○○/	/○○○○/	/○○○○/	/○○○○/
e	/トモダチ/	/イモート/	/ミズウミ/	/ウグイス/	/コーモリ/
f	◎	④	③	②	①

일본어의 악센트는 지방에 따라 차이가 있는데, 공통어의 기반이 되는 도쿄 악센트의 몇 가지 특징을 열거하면 다음과 같다.

① 단어의 제1음절과 제2음절의 높이는 반드시 달라진다.
② 두고형 이외에는 제1음절이 낮고, 제2음절이 높아진다.
③ 한 단어 중에서 악센트 핵이 두 개 이상 있을 수 없다.

일본에는 도쿄 악센트 이외에, 긴키지방을 중심으로 한 게이한식(京阪式) 악센트, 또, 센다이, 후쿠시마, 야마가타 등에서는 악센트형에 구별이 없는 일형식(一型式) 악센트가 있다.

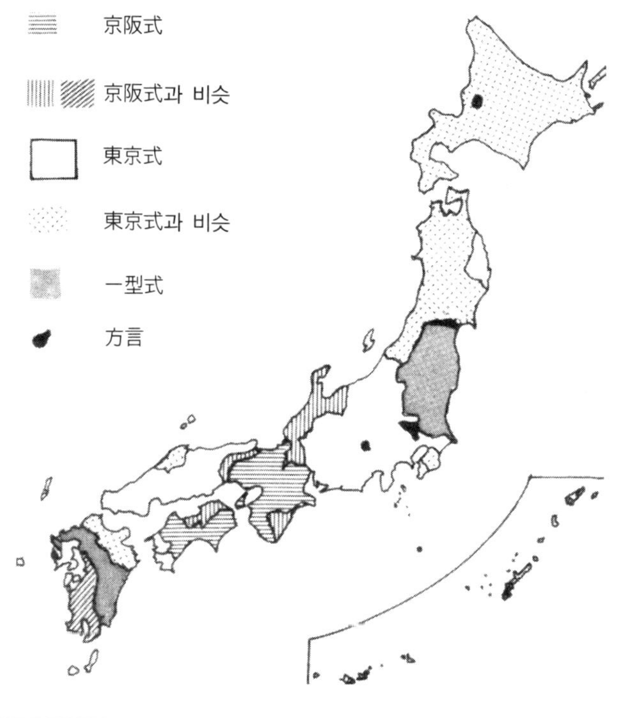

일본어 악센트 분포도-『日本語音声学』 참고로 작성

악센트의 기능

악센트의 기능으로는 「雨(**あめ**)」와 「飴(**あめ**)」처럼 단어의 의미 차이를 나타내는 기능도 있지만, 이 외에 단어가 갈라지는 곳을 나타내는 기능도 있다. 단어의 의미 차이를 나타내는 기능을 변별적 기능이라고 하고, 단어가 갈라지는 곳을 나타내는 기능을 통어적 기능이라

한다. 악센트에 따라 의미 구별이 생기는 단어를 소개하면 다음과
같다.

악센트에 따라 의미 구별이 생기는 예

고 저	저 고	고 저	저
あめ(雨)	あめ(飴)	いま(今)	いま(居間)
かみ(神)	かみ(紙)	いんが(因果)	いんが(印画)
たび(足袋)	たび(旅)	たけ(他家)	たけ(竹)
なし(無し)	なし(梨)	しょか(初夏)	しょか(書家)
むし(無視)	むし(虫)	かんじ(幹事)	かんじ(漢字)

통어적 기능이란 다음 문장에서처럼 악센트에 따라 단어가 어디서
갈라지는가를 나타낸다.

① **ニワトリガイル** (鶏がいる)

② **ニワトリガイル** (二羽鳥がいる)

ニワトリガイル	ニワトリガイル
○ ○○○ ○ ○　　　○	○　　○○ ○ ○○　　○

위의 예문에서 ①의 **「ニワトリ」**는 악센트가 내려오는 곳이 없으
므로 한 단어이지만, ②는 **ニワ**에서 한번 낮아진 악센트가 **トリ**의
リ부터 다시 올라가므로 「ニワ」와 「トリ」는 다른 단어임을 알 수

있다.

일본어에는 악센트로 구별할 수 없는 동음이의어가 많아서 일본어 악센트의 변별 기능은 그다지 크다고 할 수 없으며, 문법 경계를 표시하는 기능이 더 중요하다고 할 수 있다.

「田中さんは学生ですか」라는 문장은 「田中さんが学生であること」를 묻는 문장도 「田中さんが学生であること」를 알고 납득한 것을 나타내는 문장도 된다. 문자를 보는 것만으로는 이 두 가지 의미를 구별할 수 없는데, 실제 발화에서는 이 두 가지의 의미는 문말의 음의 높이 변화로 나타난다. 이 높이 변화를 인토네이션(intonation, イントネーション)이라고 한다. 인토네이션에는 상승조(↑), 자연하강조(→), 하강조(↓)가 있다.

상승조는 문말이 상승하는 경우에 기능으로는 청자에의 배려를 나타낸다. 상승조가 나타나는 것은 기본적으로는 의문문이지만 다음과 같은 평서문에서도 상승조가 쓰이는 경우가 있다.

A : 明日は9時に学校に来ます。(내일은 9시에 학교에 옵니다)
B : 明日は日曜日ですよ。↑ (내일은 일요일이에요)

이 경우 자연하강조를 사용하면 자신의 의견을 나타낼 뿐이지만 상승조를 사용하면 상대의 반응을 묻는(이 경우에는 상대에게 틀린 느낌을 갖게 하는 것을 알게 하는) 여지를 만들며 정중한 발화가 된다.

하강조는 문말에서 의식적으로 음조를 낮추는 경우에 납득이나 반어를 나타낸다.

　　A：田中さん、大学に合格したそうですよ。
　　B：そうですか。田中さんも大学生ですか。↓(납득)

　　A：このケーキおいしそうね。
　　B：あいつが作ったケーキなんかおいしいもんか。↓(반어)

　자연하강조는 의식적으로 음조를 상승하기도 하강하기도 할 수 없는 경우이다. 이 경우, 생리적 이유에 의해 음조는 문말로 갈수록 자연스럽게 하강한다. 이 음조는 평서문에서 사용되지만, 의문문에서도 잘 사용된다.

　　A：田中さんは社会人ですか。
　　B：いいえ、田中さんは大学生です。→

　인토네이션은 문장의 모달리티와도 관련이 있다.

프로미넌스

「田中さんはこの本を持っています」라는 문장은, 특별히 어디에도 강세를 두지 않고 말하는 경우와 「この本」에 강세를 두고 말하는 경우에 따라 그 의미가 전혀 달라진다. 아무데에도 강세를 두지 않고 말하는 경우는 '다나카씨가 이 책을 지니고 있는 것'을 전달하는 문장이지만, 「この本」에 강세를 두면 '이 책'이 희소가치가 있다는 의미가 첨가된다. 이것은 강세를 둠으로 하여 '이 책'이 대조적으로 해석되기 때문이다.

이렇게 문장 안의 특정한 요소에 강세를 두어 그 요소를 문중의 다른 요소보다도 정보 면에서 중요한 것으로 취급할 수 있다. 이 강세를 프로미넌스(prominence, プロミネンス)라고 한다. 프로미넌스는 「のだ」의 유무와도 관계가 있다.

이로하우타
いろは歌

色(いろ)は匂(にお)へど散(ち)りぬるを　　　〈諸行無常〉

わが世(よ)たれぞ常(つね)ならむ　　　〈是生滅法〉

有為(うゐ)の奥山(おくやま)今日(けふ)越(こ)えて　　　〈生滅滅己〉

浅(あさ)き夢見(ゆめみ)じ酔(ゑ)ひもせず　　　〈寂滅為楽〉

해석

복사꽃과 가을 잎은 아무리 아름다워도 마침내는 지고 말 것이다. 그와 같이 우리들 인간세계도 언제까지나 변함없이 있을 수는 없는 것이다. 이러한 변화무상한 세월 속에서 지금까지 얻기 힘들고 되지 못할 것을 얻으려고 하는 허망한 꿈을 버리고 진실한 깨달음(각성)의 경지에 들어갈 따름이다.

감상, 설명

이 노래는 헤이안 시대(平安時代 : 794～1192) 중엽에 이루어졌는데, 일본어의 히라가나 47자를 전부 한번씩 써서 부처님의 가르침인 열반경(涅槃経)의 내용을 노래한 것이다.

오늘날도 이로하우타의 처음 부분인 "いろは"를 따서 우리나라의 "가나다" 순처럼 어떤 사물의 처음이나 기본을 나타내는 말로 쓰고 있다.

잠깐 쉬어가기

민광준(2002)、 일본어 음성학 입문、 건국대학교 출판부

天沼寧・大坪一夫・水谷修(1978)、日本語音声学、くろしお出版

今田滋子(1989)、教師用日本語教育ハンドブックシリーズ6 発音(改訂版)、
　　　　国際交流基金日本語国際センター

国語学会編(1980)、 国語学大辞典、東京堂出版

杉藤美代子(1989)、 講座日本語と日本語教育2・3日本語の音声・音韻(上)
　　　　(下)、明治書院

土岐哲・村田水恵(1989)、外国人のための日本語例文・問題シリーズ12 発
　　　　音・聴解、荒竹出版

松崎寛・河野俊之(2001)、 よくわかる音声、アルク

NHK編(1985)、日本語発音アクセント辞典(改訂版)、日本放送出版協会

3장 일본어의 문자·표기

문자에 관한 기본 지식
일본의 문자
현대 표기의 규범

현 대 / 일 본 어 학 / 입 문

언어의 형태는 인간의 음성으로 실현되는데, 이 음성언어는 일회적이며 직접적이다. 문자는 이러한 음성언어의 제한을 보완하여 영구적이고 간접적으로 언어를 전달할 수 있도록 언어를 시각적으로 나타내는 기호이다. 인간의 언어를 문자로 기록함으로써 인류의 지식과 지혜를 축적해 올 수 있었음을 상기해 보면 현재와 같은 고도 문명 발달에 문자가 갖는 의미는 매우 크다고 하겠다.

이 장에서는 이러한 문자의 전반적인 특징과 일본어 문자의 기원을 살피고 일본어 표기에 쓰이는 다양한 문자들이 각기 담당하는 역할에 대해 살펴보기로 한다.

 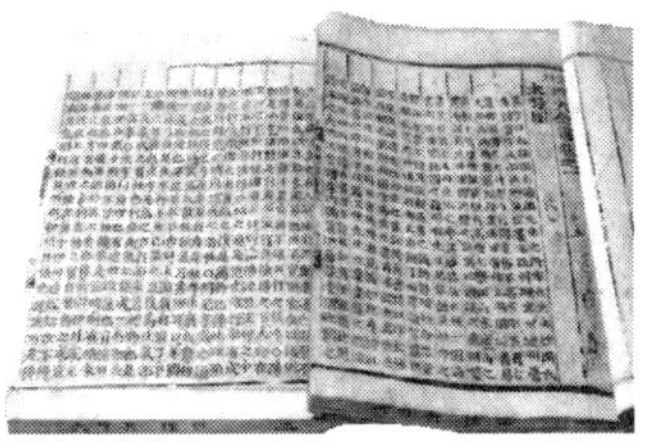

문자에 관한 기본 지식

문자란?

　문자란 언어사회 속에서 그 언어를 시각적으로 나타내기 위한 관습이며 제도화된 기호이다. 기호의 일반적인 성질에 공통된 것처럼, 문자도 개개의 문자에서 문자 전체까지, 혹은 문자로 적혀진 것을 가리키는 등, 그 가리키는 영역은 넓다. 문자에 의한 언어를 문자언어라 한다면 문자는 문자언어 속에 존재한다. 음성이 언어에서 1차적인데 대해 문자는 2차적이라 할 수 있으며, 음성은 언어가 성립하기 위해서 필수요건이지만 언어가 반드시 문자를 동반하는 것은 아니다.

　발생적으로 본다면 문자는 음성보다 늦게 출현하였으며, 문자는 언어를 토대로 전개되었다고 생각된다. 원래 고유의 문자를 지닌 언어는 극히 한정된 소수였으며, 무언어의 인간사회는 있을 수 없지만, 무문자 사회는 아직까지도 볼 수 있다. 음성이 유동적이고, 문자는 그것을 시각적으로 고정화한 것이기 때문에 문자에 의해 역사도 문화도 만들어진 것을 생각하면, 국가나 문명의 탄생과 문자의 발생과는 밀접한 관계가 있음을 알 수 있다. 이미 소멸했을 터인 언어를 문자 속에서 새롭게 만들어 부활시킨 것이므로, 문자는 음성을 여러 가지로 구속한다. 따라서 최근까지 문자를 언어의 제1요소로 생각하여 문자로 적힌 것만을 연구대상으로 삼는 경향이 있는 것이다.

세계의 문자

세계의 언어에는 여러 종류의 문자가 있다. 세계에는 6,000여개의 언어가 있는 것으로 추정되는데, 현재 알려져 있는 문자의 종류는 약 400여개라고 한다. 이들 문자는 그 한 자 한 자가 일정한 의미를 나타내는가 또는 일정한 음을 나타내는가에 따라 표의문자와 표음문자로 나뉜다. 문자의 진화라는 관점에서 본다면, 인류는 처음 자연계의 사물을 그대로 본뜬 그림문자를 사용하고, 그 후 그림문자가 체계화된 표의문자를 사용하게 되었고, 더 나아가서는 문자수를 줄이는 쪽으로 진전하여 표음문자를 사용하게 되었다.

일본과 한국은 표의문자와 표음문자 양쪽을 다 사용하는 문자 생활을 하고 있다.

표의문자(表意文字)

고대 이집트 문자, 한자 등이 여기에 속하며, 문자 한 자 한 자가 하나의 단어를 나타내며, 일정한 의미와 일정한 읽는 법을 갖추고 있다. 즉, 형태·음·의미를 지니고 있다. 의미의 단위가 단어와 대응하는 경우가 많기 때문에 표어문자(表語文字) 또는 단어문자(単語文字)라고도 한다. 문자 체계는 다수의 요소로 이루어져 있어 문자의 형태는 복잡하다.

표음문자(表音文字)

　범자(梵字), 그리스문자, 로마자, 히라가나, 가타카나, 한글 등이 여기에 속하며, 문자 한 자가 일정한 음을 나타낸다. 표음문자는 음절문자와 음소(단음)문자로 나뉜다. 일본어의 히라가나와 가타카나는 음절문자이고 한글과 로마자는 음소문자이다. 음절문자는 해당 언어의 가능한 음절 구조만을 반영하기 때문에 다양한 소리의 표기가 어렵다.

猫(표의문자) → ねこ(음절문자) → neko(음소문자)

　의미를 나타내는 한자인 「猫」는 표의문자이고, 음성을 나타내는 「ねこ」는 표음문자이다. 또한, 가나로 표기하게 되면 두 자가 필요하게 되고, 음소문자인 로마자의 경우는 네 자가 필요하게 된다. 표음문자의 문자 체계는 소수의 요소로 되어 있어, 문자의 형태는 단순한 것을 특징으로 한다.

　그러나 표음문자라 하더라도 언어음을 그대로 전한다고는 할 수 없다. 문자는 변화하기 어렵지만, 음은 시대와 더불어 변해간다. 거기에서 실제 발음과 표기와의 사이에 차이가 생긴다. 현대가나표기법에서 「はるは」라고 쓰고 「ハルワ」라고 읽는다든지, 영어의 'a'를 여러 가지로 발음하는 것은, 문자가 음 변화에 따라갈 수 없기 때문에 생긴 현상이다.

1. 헤브라이 문자　　2. 아라비아 문자　　3. 몽골 문자　　아람문자 계통
4. 데바나가리 문자　5. 타밀 문자　　　6. 타이 문자

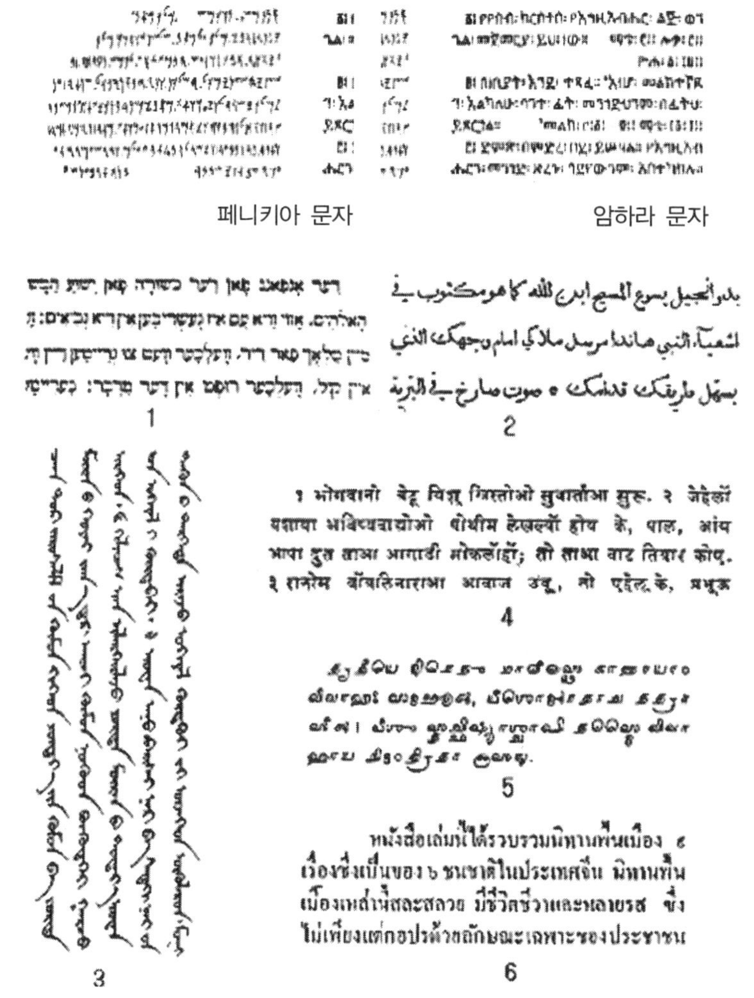

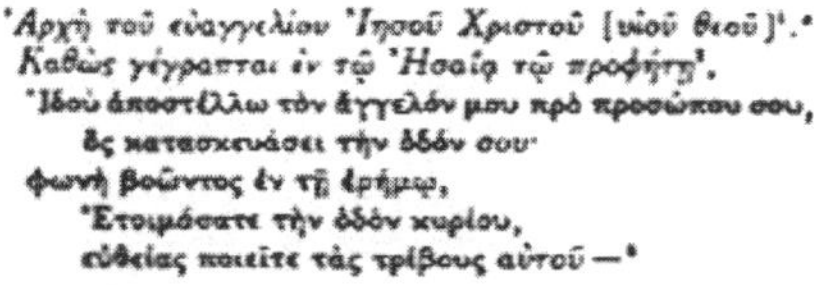

'Αρχή τοῦ εὐαγγελίου 'Ιησοῦ Χριστοῦ [υἱοῦ θεοῦ]'.'
Καθὼς γέγραπται ἐν τῷ 'Ησαΐᾳ τῷ προφήτῃ'.
'Ιδοὺ ἀποστέλλω τὸν ἄγγελόν μου πρὸ προσώπου σου,
ὃς κατασκευάσει τὴν ὁδόν σου·
φωνὴ βοῶντος ἐν τῇ ἐρήμῳ,
'Ετοιμάσατε τὴν ὁδὸν κυρίου,
εὐθείας ποιεῖτε τὰς τρίβους αὐτοῦ —'

1

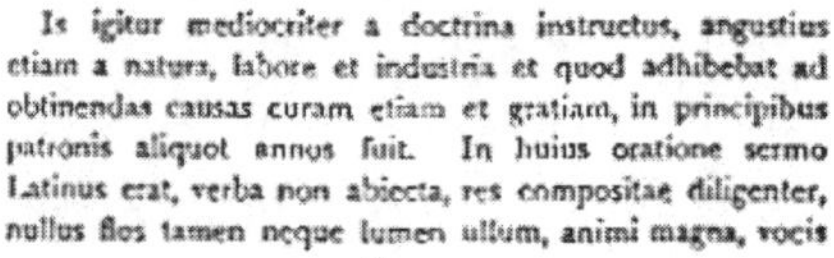

Is igitur mediocriter a doctrina instructus, angustius
etiam a natura, labore et industria et quod adhibebat ad
obtinendas causas curam etiam et gratiam, in principibus
patronis aliquot annos fuit. In huius oratione sermo
Latinus erat, verba non abiecta, res compositae diligenter,
nullus flos tamen neque lumen ullum, animi magna, vocis

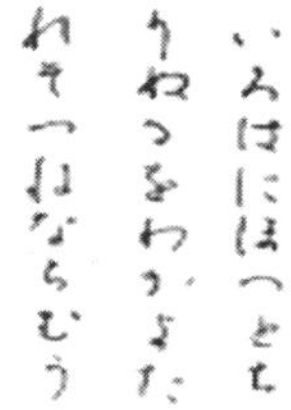

2

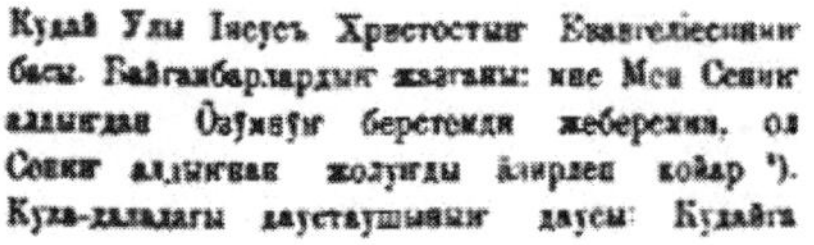

Кудаі Улы Іесусъ Хрвстовгв Евангелиесининг
басы. Баіганбарларднк жазганы: ипе Мен Сенит
алдингда Öзумнуг беретендя жеберехни, ол
Сенит алдигваа жолунгды   äнирлеп коіар ').
Куда-халадагы даустаушынит даусы: Кудайга

3

그리스 문자 계통

1. 그리스 문자 2. 라틴 문자 3. 키릴 문자

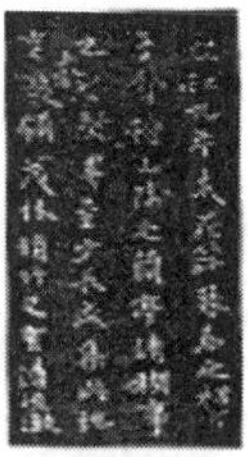

한자 계통

1. 한자 2. 가나 3. 추놈

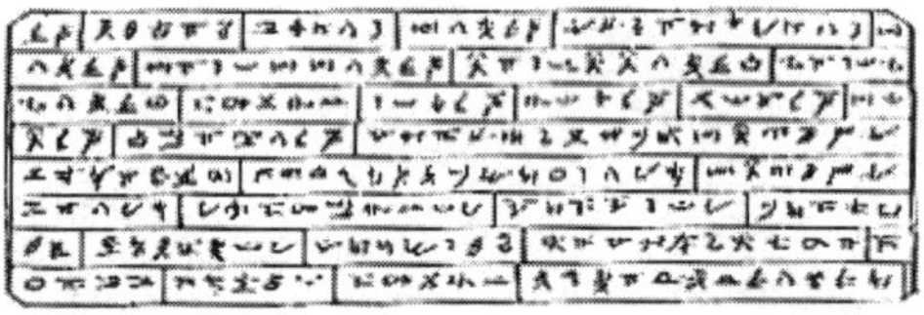

1

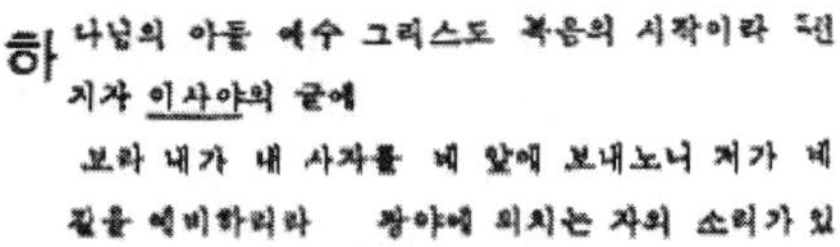

2

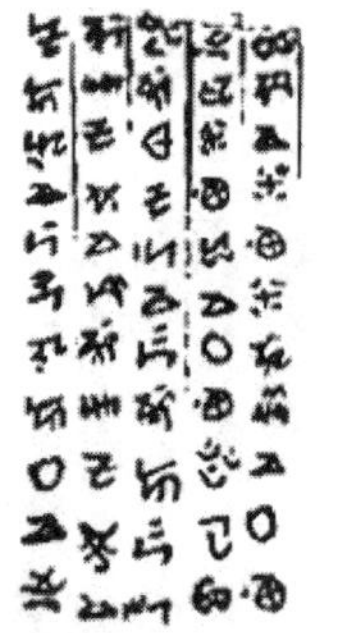

3

한자의 영향을 받은 계통

1. 모소 문자 2. 한글 3. 로로 문자

일본의 문자

문자의 종류 및 특색

현재 일본에서는 한자, 히라가나, 가타카나 세 종류의 문자를 사용하고 있으며, 그밖에 로마자나 숫자 등을 병용하고 있다.

> 日本EIE第二システム開発研究所　23号室
>
> 大分市横尾ニュー明野タウン　B-20

영어나 프랑스어 표기가 로마자나 아라비아 숫자 또는 로마 숫자인 것과 비교하면 문자의 종류가 많은 것이 사실이다. 일본어의 문자는 각각 독자적인 역힐을 담당하고 있다. 위 예에서 보면, 「EIE」는 이 회사 이름에 알파벳을 사용하고 있다는 것을 나타낸다. 「システム」「ニュー」「タウン」은 가타카나로 적혀있는 것으로 보아 외래어임을 알 수 있다. 「23」과 「B-20」은 방이나 집 번호인데, 「B-20」에서는 주택을 몇 개의 그룹으로 나누기 위하여 알파벳을 사용하고 있다.

어느 문자를 사용하는가에 따라 같은 단어라도 서로 다른 뉘앙스를 지닐 수가 있다. 예를 들면, 「宜敷く」라고 쓰면 딱딱한 느낌이 들고, 「よろしく」쪽이 부드러운 느낌이 든다. 또한, 「ヨロシク」라고 쓰면 이 단어에 특별한 의미가 담겨져 있음을 알 수 있다.

일본어 표기에 쓰이는 여러 문자

표음문자와 표의문자의 병용

표음문자라는 것은 음을 나타내는 문자로, 예를 들면 「あ」「ア」「a」 등이 있다. 이에 대해 표의문자인 한자는 음과 동시에 의미를 나타낸다. 예를 들어 「水」라는 것은 「スイ」라는 음과 동시에 화학기호로 H_2O로 나타내는 물질을 의미하고 있다.

표의문자를 사용하는 것으로, 일본인은 일반적으로 음성을 초월한 표현을 할 수 있다. 「樹・木」와 같은 동음이자의 구별을 시각으로 하기도 하고, 「名言・迷言」과 같은 문자유희, 또는 필담, 판독 등 한자의 표의문자로서의 특색은 일본어 속에서 크게 활용되고 있다. 읽을 수 없는 한자, 즉, 음독할 수 없는 한자라도 의미만 알고 있으면 판독할 수 있으므로 필담으로 중국인과 어떻게든지 통할 수 있다. 신어도 만들기 쉽고, 들어서 모르는 경우도 보면 알 수 있다. 다음은 광고의 예인데, 무슨 광고일까?

　성적이 매우 좋은 학생 즉 「優等生(ゆうとうせい)」의 동음을 이용한 냉장고의 광고임을 알 수 있다.

　한자와 가나를 섞어 쓰는 문을 한자 가나 혼용문(漢字仮名交じり文)이라 하는데, 한자 가나 혼용문에서는 조사나 활용형은 가나로 쓰고, 명사나 활용하지 않는 부분은 주로 한자로 쓰므로, 한자는 항상 문중 어구의 처음 부분에 온다. 이리하여 띄어쓰기를 하지 않아도 읽기 쉽고 또한 의미도 알기 쉽다. 또한, 한자만을 쭉 읽어도 대강의 의미는 알 수 있는데 이러한 것들은 표의문자의 장점이라 할 수 있다.

한자

한자의 성립은?

　한자는 상형, 지사 등 고대의 그림문자에서 발달한 표어문자로서, 중국 은대 중기(BC 14세기~13세기)에 갑골문자(거북이 등이나 짐승 뼈 등에 점치는 기록을 새겨 놓은 것)가 있었던 것이 밝혀졌다. 현재 알려져 있는 갑골문자는 3,000여 자에 이르나, 그 중 해독된 것은 절반에

지나지 않으며, 현재 확인할 수 있는 가장 오래된 한자 유물이다. 그 후, 한자는 갑골문자에서 현재에 이르기까지 중국 문화의 발전과 더불어 긴 시간에 걸쳐 변화되어 왔다.

한자의 전래는?
- 일본 고유문자가 있었다?

한자 전래 이전에 신대문자(神代文字)라 하는 일본 고유의 문자가 존재했다고 주장하는 설이 있는데 현대 학계에서는 전혀 인정되고 있지 않는 설이다. 일본에서는 고유문자가 탄생하기 전에 한자라는 표의문자의 완성된 체계가 일본에 전래된 것이다.

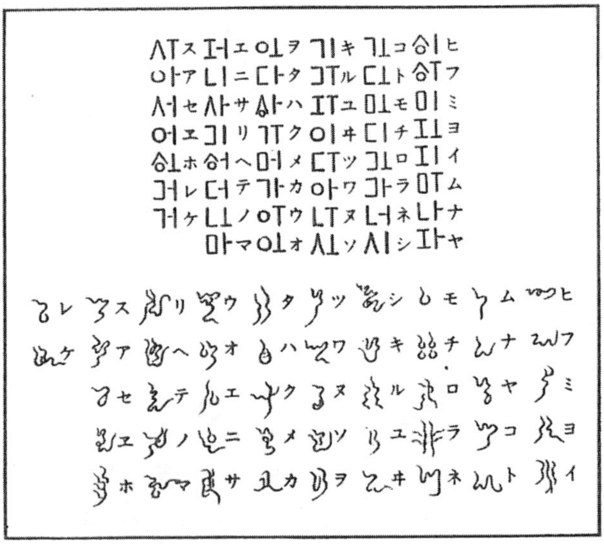

신대문자 히후미

한자가 언제 전래되었는지에 대해서는 확실치 않다. 『니혼쇼키(日本書紀)』와 『고지키(古事記)』에 한자 전래에 대한 기록이 있다. 즉 『니혼쇼키』에서는 오진천황(応神天皇)의 치세에 백제에서 아직기(阿直岐)가 여러 서적을 가져왔을 때, 한자도 전래되었다고 했으며, 『고지키』에서는 오진천황 때 왕인(王仁)이 논어와 천자문을 가져 왔다고 하고 있다.

그러나 기록은 역사적으로 맞지 않고, 5세기 초경에 한자가 전래되었다고 추측된다. 4세기 후반 한반도에서 귀화인이 와서 대륙문화를 사용했으며, 5세기 이후가 되어야만 한자를 쓰기 시작했다고 추측된다. 8세기까지는 일본인들이 문자로서 한자만을 사용하다가, 한자의 표음적 용법, 이른바 만요가나(万葉仮名)를 발명하여 한자로 일본어를 표기하게 되었으며, 이것은 8세기에서 9세기에 걸친 히라가나, 가타카나 발달의 기반이 되었다.

한자의 구조는?
─峠・込・榊 등은 일본에서 만든 한자다

후한의 허신은 설문해자(説文解字)에서 육서(六書)로 모든 한자의 구성 원리를 설명하고 있다.

・상형(象形)…사물 등의 형태를 본떠 만든 문자로 한자 중에 가장 기본적인 것이나 그 수는 적다.

예 日·月·山·水 등

· 지사(指事)…형태를 묘사할 수 없는 추상적인 개념을 나타내기 위
하여 고안된 부호와 같은 문자로, 상형·지사 두 가지
에 의하여 모든 한자의 기본형이 만들어진다.

예 一·二·上·下·末·未 등. 一을 상중하에 덧붙여
나타낸다.

· 회의(会意)…둘 혹은 셋 이상의 문자의 형태를 조합하고, 동시에
그 의미도 합하여 만든 문자로, 때로는 획을 생략하는
경우도 있다.

예 鳴·好·位·信 등. 炎은 「火」가 겹쳐져 있는 것, 林은
「木」이 나란히 있는 것, 孝는 「老」人을 「子」가 업고
있다는 뜻으로 「匕」획이 생략되어 있다.

· 형성(形声, 諧声이라고도 한다)…두 가지 문자를 합하는데, 반은
의미를, 반은 음을 따는 것으로, 한자의 구성은 이
것에 의한 것이 대부분이다.

예 持·遠·江·河 등에서는 「氵」은 「水」의 의미를 나타
내고, 「工·可」는 음을 나타낸다.

· 전주(転注)…하나의 단어가 한자 본래의 의미에서 다른 의미로 전
용되는 것을 가리킨다.

예 「楽」은 「音楽」이라는 의미에서 「たのしむ」가 되고, 음
도 「ガク」에서 「ラク」가 된다. 「悪」은 「善悪」의 「悪」
에서, 「にくむ」가 되고 음도 「アク」에서 「オ」로 변한다.

· 가차(仮借)…한자 본래의 의미에 관계없이 같은 음 또는 근사한
음의 다른 단어로 사용되는 것을 말한다.

예 「みみ(귀)」의 상형 「耳」가 한정조사 「のみ」로 사용된

다든지, 「戈(ほこ)」의 상형인 「我」가 일인칭 대명사로
사용되는 것들이다. 문법관계를 담당하는 기능어 외에
「印度」「巴里」와 같은 외국 지명, 인명이나 외래어에 사
용되는 한자의 대다수와 「阿弥陀」「釈迦」와 같은 범어
의 음역도 가차의 예이다.

상형에서 형성까지는 한자의 구성에서 본 분류이고 전주, 가차는
한자의 사용법에서 본 분류이다.

한자는 이밖에 일본에서 만들어진 것이 있는데 국자(国字 또는 일본
제 한자)라 한다. 「峠」「辻」「榊」 등이 그 예인데, 이들 국자는 회의원
리에 의해 만들어진 것이 많다.

俤	おもかげ	柾	まさき	裃	かみしも
俥	くるま	栃	とち	裄	ゆき
俣	また	栂	つが	褄	つま
働	はたらく	桛	かせ	襷	たすき
凧	たこ	桝	ます	躾	しつけ
凩	こがらし	梺	ふもと	辷	すべる
凪	なぎ	梻	しきみ	辻	つじ
夊	もんめ	椙	すぎ	込	こむ
匂	におい	榊	さかき	迚	とても
叺	かます	樫	かし	遖	あっぱれ
呎	フィート	毟	むしる	鋲	びょう
噺	はなし	渕	ふち	錺	かざり
嚩	トン	瓩	キログラム	鑓	やり
圦	いり	瓲	トン	閊	つかえる
圷	あくつ	畑	はたけ	雫	しずく
嬶	かかあ	畠	はたけ	鞆	とも
峠	とうげ	硴	かき	鮗	このしろ
恠	こらえる	笹	ささ	鯑	かずのこ
捠	むしる	簗	やな	鯰	なまず
腺	せん	簱	はた	鰙	わかさぎ
膵	すい	粁	キロメートル	鰯	いわし
杢	もく	粂	くめ	鱚	きす
杣	そま	籾	もみ	鱈	たら
枀	すぎ	縅	おどし	鴫	しぎ
枡	ます	瓲	しかと	鶫	つぐみ
枠	わく	莚	ござ	麿	まろ

한자를 읽는 방법

－한자 읽기에는 음독, 훈독 외에 쥬바코요미, 유토요미가 있다.

일반적으로 문자와 음가는 일대일로 대응하는 것이 원칙이다.

알파벳만이 아니라 한자를 사용하는 중국도, 한자와 한글을 혼용해 온 한국도 그렇다. 그러나 유독 일본에서만은 같은 한자를 사용하면서도 그 관계가 일대다(一対多)인 경우가 많다.

예를 들어 '봄이 왔다'라고 할 때, 한국에서는 한자로 표기할 수가 없으며, 굳이 한자로 옮겨 '春이 來하다'라고 한다면 '춘이 내하다'라고 읽을 수 밖에 없다. 그런데 일본에서는 사용하고 있는 한자에 여러 읽기가 있고 복잡하다. 「行」자 한 자를 예로 들면, 뒤에 「う」가 붙으면 オコナ(ウ)라고 읽고, 「く」가 붙으면 그(ク) 또는 イ(ク)라고 읽는다. 「行動」이라고 쓰면 コウ(ドウ)가 되고, 「修行」이라고 쓰면 (シュ)ギョウ, 또한 「行脚」는 アン(ギャ)로 읽는 것처럼 각각 다르게 읽고 있다. 이 중에서, オコナウ와 그(イ)ク는 「훈」이라 하고, コウ・ギョウ・アン은 「음」이라 한다.

이와 같이 일본어에서는 한자 읽기로서 크게 음독과 훈독이 있다. 음이라는 것은, 한자의 중국어음이 일본어의 음절구조에 맞게 변화된 것을 말한다. 주요한 음에는 오음(呉音)・한음(漢音)・당음(唐音)이 있다. 한자는 중국문화에서 도래된 것으로, 중국의 왕조가 변천하고 정치적, 문화적 중심지가 이동함에 따라, 일본에 전해져 온 음이 그 지역의 특색을 갖게 되었다.

6세기에서 7세기에 걸쳐 일본은 남조와 교섭을 하였기 때문에 중

국 남부에서 쓰이던 음이 전래되었는데 이 음을 오음이라 한다. 현대에도 「法師(ホウシ)」「功徳(クドク)」「布施(フセ)」 등의 불교어나 수사 등 일상적인 단어에 사용되고 있다. 7세기 이후 중국의 수나라 및 당나라 중기에 걸쳐 장안(長安)을 중심으로 하는 서북지방의 음이 전래되었는데 이것을 한음이라 한다. 수당의 문화를 전하는 새로운 중국어음으로써 귀족들 사이에 적극적으로 받아들여졌으며 '정음(正音)'이라 부르기도 했으며 오음과 더불어 일본 한자음의 근간을 이루고 있다.

10세기 이후 가마쿠라시대에 접어들면서 선종의 유행과 더불어 종래의 한음과는 다른 음이 전래되었다. 이것을 당음(唐音) 또는 송음(宋音)이라 한다. 선종에 관련된 용어나 사물을 중심으로 전래되었으며 오음이나 한음에 비해 당음의 유포 범위는 좁은 편이다. 「布団(フトン)」「普請(フシン)」「饅頭(マンジュウ)」 등이 있다. 그 결과 다음과 같이 한 개의 한자에 세 개의 음이 대응하는 현상이 생겨났다.

한자음의 비교

한 자	오 음	한 음	당 송 음
京	ケイ (京浜)	キョウ (京都)	キン (南京)
行	ギョウ (行列)	コウ (行動)	アン (行脚)
頭	ズ (頭痛)	トウ (頭角)	ジュウ (饅頭)

물론 모든 한자에 오음・한음・당음이 갖추어져 있는 것은 아니

다. 당음이 사용되지 않는 한자가 많지만, 오음과 한음이 동형인 경우도 매우 많다. 그 밖에 일본에서 독자적으로 변화한 관용음(慣用音)이라는 것이 있다. 예를 들면, 본래의 한자음에서는, 「立」는 「リュウ」, 「戱」는 「キ」로 읽는데, 현대 일본어에서는 リツ, ギ・ゲ로 발음되고 있다. 그 중에는 「攪(乱)」 「(洗)滌」처럼 그 구성요소인 「覚」 「條」 등의 음에서 잘못 유추되어, 오음, 한음과는 맞지 않는 「カク」 「ジョウ」로 발음되는 경우도 있다.

훈이라고 하는 것은, 한자가 지닌 의미에 근거하여 일본어로 읽는 법이다. 「読(よむ)」 「国(くに)」 「春雨(はるさめ)」 등이 그 예이다. 이른바 한자 문화권 중에서 일본어만은 훈을 만듦으로서 한자를 일본어라는 새로운 언어에 순응시키는 일에 성공했지만, 동시에 이것은 한자의 읽기를 극히 번잡하게 하는 결과가 되었다. 「山」에 「やま」, 「花」에 「はな」처럼 하나의 한자에 하나의 훈이 대응하는 경우에는 문제가 없지만, 둘 이상의 훈이 존재하는 경우에는 복잡하게 된다. 「上」에는 「うえ・かみ・あげる・のぼる」 등의 훈이 있다. 또한, 하나의 훈에 둘 이상의 한자가 대응하는 경우도 있는데, 「はかる」라는 훈에는 「計・測・図・量・謀・諮」 등 6개의 한자가 대응한다. 이러한 것을 동훈이자(同訓異字)라 한다.

때로는 한자가 둘 이상 합해진 것이 하나의 훈을 지닌 경우도 있다. 海女(あま)・五月雨(さみだれ)・土産(みやげ)・梅雨(つゆ) 등이 그 예이며, 숙자훈(熟字訓)이라고 한다. 또한, 한자 본래의 의미와 관계없이 한자의 음과 훈을 차용하여 사용하는 용법이 있는데, 目出度(め

でたく)・丁度(ちょうど)・素敵(すてき) 등으로, 아테지(当て字)라 하
며 외국의 고유 명사나 외래어 표기 등에 쓰이는 방법이다.

음에 한음과 오음이 복합된 것이 있듯이, 음과 훈이 복합된 것이
있다. 気持(キもち)・借屋(シャクや)・台所(ダイどころ)처럼, 음과 훈
의 순서로 결합된 것을 쥬바코요미(重箱読み)라고 한다. 훈과 음의
순서로 결합된 것을 유토요미(湯桶読み)라고 하고, 「手数(てスウ)」「身
分(みブン)」「荷物(にモツ)」 등의 예가 있다.

湯桶와 重箱

이와 같이 일본에서는 한자를 음 또는 훈으로 자유롭게 읽기 때문
에 책을 인쇄할 때에도 한자 옆에 그때그때의 문맥이나 필자의 기호
에 따라 가나로 토를 달아준다. 이것이 루비(ルビ)활자라는 것이다.
일본사람 이름 등의 고유명사도 한자로 쓰는 경우가 많은데, 음독을
해야 되는지 훈독을 해야 되는지 뚜렷한 법칙이 없기 때문에 한자
이름 옆에 후리가나(振り仮名)를 다는 경우가 많다.

한자에서 가나로
  ─ 일본어 표기법의 창조

  8세기 나라시대의 일본에서는, 이미 한자·한문에 대하여 높은 독해력을 지니고 있었다. 한자·한문을 읽었을 뿐만 아니라 그것을 이용하여 일본어를 표기하는 방법을 창안하고 발달시켰다. 「ヤマ」라는 단어를 표기하는데 있어, 그 훈을 지니고 있는 「山」이라는 한자로써서 나타내는 것이 그 한 예로써, 이러한 용법을 한자의 정용(正用)이라 한다. 이와 병행하여, 한자의 의미는 무시하고 그 발음만을 사용하여 「也末」와 같이 표기하는 방식을 만요가나라 한다. 이 만요가나가 모태가 되어, 9세기(헤이안시대 초기)에 히라가나, 가타카나가 탄생되었다.

만요가나(万葉仮名)의 발명
  ─ 伊勢·能登는 만요가나이다

  고대 일본인이 발명한 만요가나는 일본사람들 스스로의 디자인으로 문자를 발명한 것은 아니었다. 그들은 중국에서 수입된 문자, 즉 한자를 그대로 일본어음을 표기하는데 썼던 것이다. 그리하여 오늘날에는 가나로 써야 할 부분까지 한자를 사용하였다. 예를 들면, 「会いたい」라는 의미의 고어 「会わむ」를 「阿波牟」라고 표기했다.
  이러한 문자는 나라시대의 『만요슈(万葉集)』에서 많이 사용되었기

때문에 만요가나라고 하는데, 만요가나에서는 한자의 음을 이용한 음가나와 훈을 이용한 훈가나가 있다. ヤマト를 나타내는데 「夜麻登」라고 쓰면 음가나이고, 「八間跡」라고 쓰면 훈가나이다.

만요가나는 나라시대 말기에서 헤이안시대 중기에 걸쳐서 서서히 히라가나로 이행되었다. 현재는 伊勢(いせ)・能登(のと) 등의 지명에 만요가나의 잔재가 남아있다.

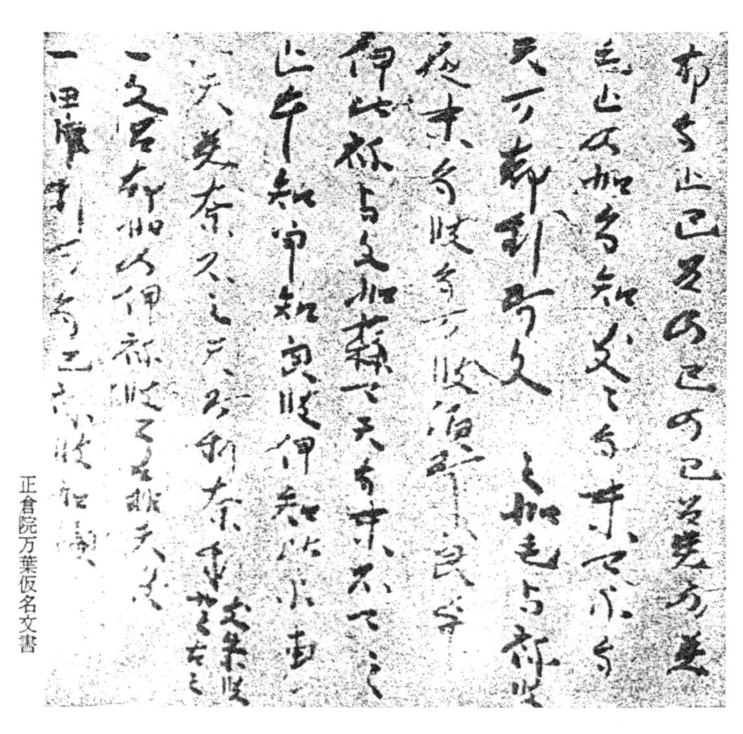

만요가나가 쓰인 예

히라가나(平仮名)

히라가나는 만요가나의 자체를 초서체화하여 만들어낸 음절문자의 하나이다. 「犬」의 만요가나는 「伊奴」인데 「伊」는 「似」로도 쓴다. 히라가나 「い」와 「ぬ」는 「似」와 「奴」가 초서체화하여 된 것이다. 한자를 마나(真名)라고 한 데 대하여 히라가나를 「かんな」 「かな」라고 하며, 한자를 오토코데(男手)라고 한 데 대하여 히라가나를 온나데(女手)라고 하였다.

헤이안시대(794~1192)에는 처음에는 와카(和歌) 등에 사용되고, 이어서 일기와 많은 독자를 매료시킨 모노가타리(物語)라는 장르에 등장하기에 이르렀다. 10세기 초『고킨슈(古今集)』의 칙찬에 의해 가나가 공식적으로 인정되고, 사적으로는 기노 츠라유키(紀貫之)가『도사닛키(土佐日記)』를 가나문으로 썼다. 헤이안시대 중기 이후, 여류작가들의 모노가타리, 일기, 수필이 성행하고, 이러한 가나 문학의 숙성과 더불어 히라가나도 점차 완성을 본 것이다.

글자체는 1900년 소학교령 시행규칙(小学校令施行規則)에 의해 통일된 후 오늘날에는 하나로 통일되어 있지만, 그 전에는 여러 글자체가 있었다. 히라가나는 현대에는 46자가 쓰이고 있다.

가타카나(片仮名)

가타카나도 히라가나와 마찬가지로 만요가나에서 변화·발달한 것으로, 그 명칭(「片」는 완전하지 않다는 뜻)이 암시하듯이 만요가나의

자획의 일부를 취하거나 생략하여 만든 음절문자의 일종이다. 예를 들어 「犬」의 만요가나 「伊奴」에서, 가타카나 「イ」는 「伊」의 왼쪽 변을, 「ヌ」는 「奴」의 오른쪽 방을 추출하여 만든 것이다.

安→あ	以→い	宇→う	衣→え	於→お
加→か	幾→き	久→く	計→け	己→こ
左→さ	之→し	寸→す	世→せ	曽→そ
太→た	知→ち	川→つ	天→て	止→と
奈→な	仁→に	奴→ぬ	祢→ね	乃→の
波→は	比→ひ	不→ふ	部→へ	保→ほ
末→ま	美→み	武→む	女→め	毛→も
也→や		由→ゆ		与→よ
良→ら	利→り	留→る	礼→れ	呂→ろ
和→わ	為→ゐ		恵→ゑ	遠→を
无→ん				

히라가나의 자원

阿→ア	伊→イ	宇→ウ	江→エ	於→オ
加→カ	幾→キ	久→ク	介→ケ	己→コ
散→サ	之→シ	須→ス	世→セ	曽→ソ
多→タ	干→チ	州→ツ	天→テ	止→ト
奈→ナ	二→ニ	奴→ヌ	祢→ネ	乃→ノ
八→ハ	比→ヒ	不→フ	部→ヘ	保→ホ
末→マ	三→ミ	牟→ム	女→メ	毛→モ
也→ヤ		由→ユ		与→ヨ
良→ラ	利→リ	流→ル	礼→レ	呂→ロ
和→ワ	井→ヰ		恵→エ	乎→ヲ
レ→ン				

가타카나의 자원

가타카나는 훈독(訓読)에 필요한 여러 가지 내용을 한문의 행간에 써넣기 위한 문자로서 헤이안시대 초기 승려 사회에서 발달했다. 따라서 한자의 보조적인 성격이 강했다. 가마쿠라 시대에 성행한 가타카나 혼용문(片仮名交じり文)은 메이지 시대 이후에도 문어체의 법령·조칙 등에 사용되었는데, 제 2차 세계대전 이후 국어 개혁에 의해 히라가나 혼용문(平仮名交じり文)으로 바뀌어졌다. 현재에는 가타카나 표기는 외래어·외국어, 외국의 인명·지명, 전문용어, 속어·은어, 동식물명, 의태어·의성어, 방언 부분에 사용된다.

가타카나 발생기에는 그 종류도 많고 이자체(異字体)도 많이 쓰였지만, 현재와 같이 통일된 것은 히라가나와 마찬가지로 메이지 시대에 들어와서이다. 문자의 종류는 46자이다.

로마자(ローマ字)

일본어를 라틴문자에 의해 표기한 것을 로마자라 한다. 로마자가 일본에서 사용된 것은 무로마치시대(室町時代, 1392~1603) 말기이다. 즉, 포르투갈·스페인의 기독교 선교사들이 일본에 들어와서 포교를 위하여 교의서를 만들었고, 일본어 학습을 위하여 사전류, 문법서, 문학서 등을 만들었으며 이들 문헌을 로마자로 표기한 것에서 시작된다. 에도(江戸)시대에는 네덜란드와 통상이 이루어지면서 네덜란드인이나 난학자(蘭学者)들이, 에도 말기에서 메이지 초기에는 개항이 되면서 그 밖의 구미인들이 로마자로 일본어를 표기했다.

에도막부 말기 이후, 로마자가 널리 퍼지면서 메이지 이후 로마자를 일본 국자로 바꾸려는 운동도 일어났다.

현대에는 일본어를 로마자로 표기하는 일은 거의 없다. 지명이나 역명, 인명 등을 외국인에게 표시할 필요가 있는 경우나 컴퓨터로 문자를 입력하는 경우, 또는 어떤 장식적인 효과를 내기 위해서 사용되는 경우가 있다.

현대 표기의 규범

일본에서의 국어정책은 주로 문자 · 표기를 둘러싸고 전개 되었다. 그리하여 한자 · 가나표기법 · 오쿠리가나 등에 관한 검토가 이루어져 왔으며, 문자 표기에 대한 국어 정책을 다음과 같이 제정하여 시행하게 되었다.

오쿠리가나 붙이는 법	1973년
상용한자표	1981년
현대가나표기법	1986년
외래어 표기	1991년

이들은 법령 · 공용문서 · 신문 · 잡지 · 방송 등, 일반 사회생활에 있어서 현대 일본어를 표기할 경우의 기준(상용한자표)이나 근거(그 밖에 정책)를 나타낸 것이다.

가나표기법(仮名遣い)

가나로 표기할 때의 일정한 기준이 가나표기법(仮名遣い)이다. 현재에는 일반 사회생활에서 현대 일본어를 표기하기 위한 근거로서 보통 현대 가나표기법을 정하여 이에 따르고 있다.

헤이안시대 말기까지는 규범으로서의 가나표기법은 존재하지 않았다. 헤이안시대 중기 경부터 음운체계 변화에 의해 가나의 사용법에 혼란이 생기고 이 혼란은 가마쿠라시대(鎌倉時代, 1192~1336) 초기에 이르러 극심해져서 가나표기법의 문제가 일어난다.

규범으로서의 가나표기법을 정한 대표적인 것으로서는 데이카 가나표기법(定家仮名遣い) 및 게이추 가나표기법(契沖仮名遣い)이 있다. 가마쿠라시대에 후지하라 데이카(1162~1241)는 음운 변화에 관한 「お・を, え・へ・ゑ, い・ひ・ゐ」의 8개 항목을 설정하고 60여 단어를 실례로 들어서 사용해야 할 가나를 나타냈다. 이 표기법을 「데이카 가나표기법」이라고 부른다.

에도시대의 국학자 게이추(契沖, 1640~1701)는 만요슈, 니혼쇼키, 고지키 등을 연구하면서 문헌에 나타난 가나 용법이 당시 행해지고 있던 데이카 가나표기법과 다르다는 것을 알게 되어 새로운 가나표기법을 주장하였다. 이것이 「게이추 가나표기법」이고 제 2차 세계대전 이전까지 사용되었던 「역사적 가나표기법(歴史的仮名遣い)」의 기초가 되었다.

메이지시대 이후, 역사적 가나표기법은 학교 교육에서 채용되었고, 1946년 현대 가나표기법의 공포까지는 학교 교육을 중심으로 하여 일반 사회에서도 널리 행하여졌다.

현대 가나표기법(現代仮名遣い)
−왜 「は」「へ」는 「wa」「e」로 읽는가?

현행의 현대 가나표기법은 1946년에 내각 고시된 것을 1986년에 개정한 것이다. 전의 것은 현대의 발음을 기반으로 하여 정한 것이지만, 여전히 역사적 가나표기법에 따라서 표기한 경우가 있었다. 개정된 현대 가나표기법은 전체의 표기 방법은 별로 변함이 없지만 현대어 음운에 따라 정리한 것이라 할 수 있다.

이 규정은 처음에는 현대어 음운에 따라서 사용해야 할 가나를 나타내고 있고, 다음에는 특정한 말에 대하여 표기의 관습을 존중하는 표기 방식을 나타내는 구성으로 되어 있다.

여기에서는 후자를 중심으로 살펴보기로 한다.

① 조사 「を・は・へ」는 「を・は・へ」를 쓴다.

　　本を読む。

　　私は東京へ行きます。

② 동사 「いう(言う)」는 「いう」로 쓴다.

　　이것은 실제 발음에서는 「ユー」이지만, 역사적 가나표기법이나 활용형의 처리 등을 생각하여 「いう」로 쓰도록 하고 있다.

③ 이어서, 「じ」와 「ぢ」, 「ず」와 「づ」에 대한 것이 있다. 「じ」도 「ぢ」도 현대 발음에서는 「ジ」이고, 「ず」와 「づ」도 「ズ」이다. 다음과 같은 경우는 「ぢ」「づ」를 쓴다.

　(i) 동음의 연호(連呼)에 의해 생긴 「ぢ」「づ」

　　ちぢみ(縮), つづみ(鼓), つづく(続) 등

　(ii) 두 말의 연합에 의해 생긴 「ぢ」「づ」

　　はなぢ(鼻血), まぢか(間近), みかづき(三日月), てづくり(手作),
　　もとづく, つくづく 등

단, (ⅱ)의 경우, 현대어 의식에서 이미 두 단어로 나누기 어려운
경우에는 「じ」「ず」를 사용하는 것을 원칙으로 하나, 「せかいぢゅう
(世界中)」「いなづま(稲妻)」처럼 「ぢ」「づ」를 사용할 수도 있다.

④ 다음과 같은 말은, オ열 가나에 「お」를 덧붙여서 쓴다.
　　おおかみ(狼), おおせ(仰), こおり(氷), とお(十), いきどおる(憤),
　　おおう(覆), とおる(通), もよおす(催), おおい(多), おおきい(大),
　　とおい(遠), おおむね 등

이들 이외는 「う」로 쓴다. 이들은 역사적 가나표기법에서는 「ほ」
또는 「を」(예를 들면, 「遠い」는 「とほ」, 「十」는 「とを」)로 썼던 것이다.
エ열의 장음은 「え」를 덧붙여서 쓰지만, せい(背), えいが(映画), と
けい(時計) 등은 エ열 장음으로 발음되든지 エイ, ケイ처럼 발음되든
지에 관계없이 エ열 가나에 「い」를 덧붙여서 쓴다.

이상과 같은 규정이 표기의 관습을 존중하여 역사적 가나표기법을
따르고 있는 것이라고 할 수 있다.

오쿠리가나(送り仮名)
－行う인가? 行なう인가?

일본어처럼 한자와 가나를 병용하는 표기법은 세계에서도 특이한
방식이다. 이러한 표의문자와 표음문자의 병용은 현대에는 한국이,
고대에는 바빌로니아가 행하는 등, 그 예는 극히 드물다고 하겠다.

일본어의 단어를 한자와 가나로 표기할 때, 단어의 중심 부분을

한자로, 말미의 부속 부분을 가나로 쓰는 경우, 그 가나 부분이 오쿠리가나(送り仮名)이다.

오쿠리가나의 본래 목적은 오독을 피한다는 것이지만, 그때그때 자의적으로 표기하는 경우가 많았다. 구어문의 보급과 더불어 오쿠리가나 붙이는 법에 대한 통일적인 기준을 요구하는 움직임이 일어나 몇 가지의 기준안이 제안되었다. 1973년 「오쿠리가나 붙이는 법(送り仮名の付け方)」이 제정되고, 이것이 일부 개정되어 현행의 오쿠리가나 붙이는 법이 되었다. 오쿠리가나 붙이는 법에 의하면, ①활용하는 단어는 활용 어미를 가나로 쓴다, ②활용하지 않는 단어는 가나를 붙이지 않는다 라는 기본 원칙 하에 예외·허용·관용 등을 인정하고 있다.

예를 들면, 활용하는 단어라도 「動く－動かす」처럼 「動かす」 속에 「動く」의 부분이 포함되어 있는 것이 있다. 밑줄 친 부분이 활용 어미이지만, 활용 어미만을 가나로 쓰면 「動く」「動す」가 된다. 「動く」는 「動かない」로 활용하므로, 이것을 고려하면 「動かす」로 쓰는 쪽으로 통일할 수 있다. 「怪しむ－怪しい」 등도 마찬가지이다. 이들은 '예외'로서 활용 어미가 아닌 부분도 가나로 쓴다.

그러나 「聞こえる」는 「聞える」로 써도 오독의 우려는 없다. 이것은 「聞こえる」지만, '허용'으로서 「聞える」로 써도 좋다. 그 밖에 관용적으로 고정된 것으로 「氷·帯·煙·話·光」 등과 같이, 동사에서 전성되어 명사로 쓰이는 것은 오쿠리가나를 붙이지 않는다.

학교 교육이나 매스컴 등은 원칙 중시의 입장이지만, 개정에 의해

예외나 허용이 늘어났기 때문에 개인적인 표기에서는 혼동을 일으키
는 요인이 되기도 하였다.

로마자 표기법

일본어를 로마자로 쓸 때에는 그 표기법이 문제가 되어 어느 방식
을 취할 것인가에 대해 많은 논쟁이 있었다. 헤본식·일본식·훈령
식이 바로 그것이다.

헤본식(ヘボン式)

미국인 헤본(J. C. Hepburn, 1813~1911)은 『와에이고린슈세이(和英
語林集成)』(초판본 1867년)를 출판하여 영어식 로마자 표기법을 채용
했다. 역사적으로 보면, 1885년 로마자
회(羅馬字会)는 로마자를 일본의 국자로
할 목적으로 새로운 표기 방식을 결정하
여 발표했는데, 이 표기법이 헤본의 「와
에이고린슈세이」 제3판(1886년)에 채용
되어 헤본식이라 불리게 되었다. 그 후,
헤본식은 수정되어 현대 일본어 음성에
보다 가깝게 되어 표준식이라고도 불리
게 되었다.

James Curtis Hepburn
(1813~1911)

표준식은, サ・ザ・タ・ダ・ハ행의 각 행 중의 자음을 하나로 통일하지 않고 음 차이에 의해 구별하고 있어서, サ행은 「sa, shi, su, se, so」처럼 되고, タ행은 「ta, chi, tsu, te, to」처럼 된다. 또한, 발음(撥音)의 표기가 m·n 두 종류로 구별되어 있는 등, 실제 음에 비교적 가까운 방식이다.

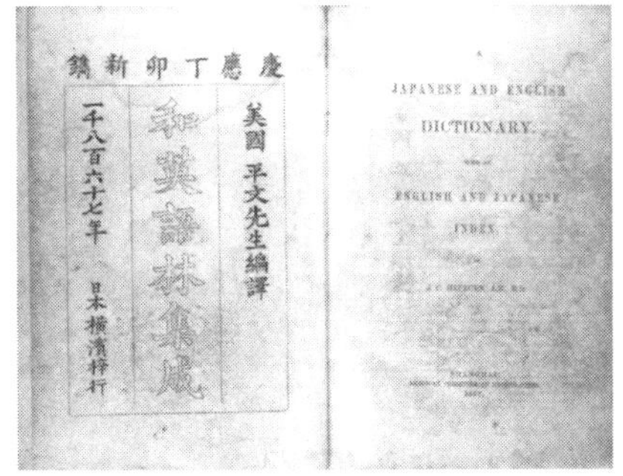

『和英語林集成』 초판

『和英語林集成』 2판

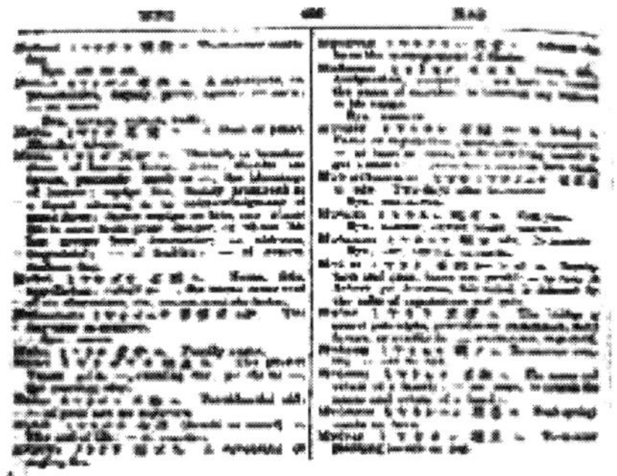

『和英語林集成』 3판

일본식(日本式)

1886년 다나카 다테아이키쓰(田中館愛橘) 등이 헤본식 표기법에 이론을 제기하여 오십음도에 근거한 별개의 표기법을 주장하였는데, 이것이 일본식이라 불리는 것이다. 일본식은 오십음도를 기준으로 같은 행의 자음은 같은 표기법으로 통일하여 サ행은 「sa, si, su, se, so」가 되고, タ행은 「ta, ti, tu, te, to」가 된다. 또한, 발음(撥音)의 표기에 n만을 사용하는 등 간명하게 되었다.

훈령식(訓令式)

헤본식과 일본식의, 양자의 통일되지 않은 상태가 계속되었기 때문에, 정부에서는 1937년 내각 훈령에 의해 새로운 로마자 표기법을 공포했다. 이것이 이른바 훈령식인데, 이 방식은 거의 일본식을 받아들인 것이다.

그 후 1954년 정부는 다시 새로이 훈령을 공포했는데, 그 표기법은 제1표와 제2표로 되어 있고, 제1표에는 훈령식이, 제2표에는 훈령식과 다른 표기 부분의 표준식(헤본식)과 일본식이 기재되어 있다. 그 서두에 제1표의 표기법을 기준으로 하면서 국제적 관계나 관례에 의해 고치기 어려운 경우에는 제2표의 표기법에 의해도 좋다는 취지가 적혀져 있어 허용의 범위가 넓어졌음을 알 수 있다.

「松山」라는 고유명사는 「MATUYAMA」「MATSUYAMA」와 같이 두 종류의 로마자 표기가 보인다. 일반적으로 JR역명이나 도로명의

표시, 인명등에서는 헤본식이 많이 쓰여지고 있는 반면에 초등교육
에서는 훈령식이 많이 쓰여지고 있다.

ア行	a	i	u	e	o			
カ行	ka	ki	ku	ke	ko	kya	kyu	kyo
	〔kwa〕*							
サ行	sa	si	su	se	so	sya	syu	syo
		shi				sha	shu	sho
タ行	ta	ti	tu	te	to	tya	tyu	tyo
		chi	tsu			cha	chu	cho
ナ行	na	ni	nu	ne	no	nya	nyu	nyo
ハ行	ha	hi	hu	he	ho	hya	hyu	hyo
			fu					
マ行	ma	mi	mu	me	mo	mya	myu	myo
ヤ行	ya		yu		yo			
ラ行	ra	ri	ru	re	ro	rya	ryu	ryo
ワ行	wa				〔wo〕*			
ガ行	ga	gi	gu	ge	go	gya	gyu	gyo
	〔gwa〕*							
ザ行	za	zi	zu	ze	zo	zya	zyu	zyo
		ji				ja	ju	jo
ダ行	da	zi	zu	de	do	zya	zyu	zyo
		〔di〕	〔du〕			〔dya〕	〔dyu〕	〔dyo〕
		ji				ja	ju	jo
バ行	ba	bi	bu	be	bo	bya	byu	byo
パ行	pa	pi	pu	pe	po	pya	pyu	pyo

훈령식, 일본식, 헤본식 표기법 대조

* 훈령식을 기준으로 함. 네모
안은 헤본식, 〔 〕안은 일본식
을 나타내며 〔 〕*은 일본식
표기법으로 특정 단어에 사
용되는 맞춤법을 나타낸다.

이상과 같이 로마자 표기의 혼동은 일본 사회 곳곳에서 보인다. 로마자는 원래 외국인(주로 구미계)이 일본어문을 표기하기 위하여 사용한 것이므로 사용하기에 편리한 것이 우선이고, 일본어 정서법이 뒤따른다는 측면이 있다는 것을 부정할 수는 없을 것이다.

한자 문제

일본에서 사용하는 한자는 그 수가 많고, 그에 따라 차이를 나타내기 위하여 자체(字体)가 복잡해지는 것도 피할 수 없다. 또, 한자음은, 각각 다른 시대에 다른 지방에서 일본에 전해졌기 때문에 동일 한자라도 오음·한음·당음의 구별이 있다. 게다가 중국어 음운의 복잡한 차이가 일본에서는 많이 없어졌기 때문에, 그 결과 다수의 동음이의(同音異義)의 한자어가 생겨났다. 음외에 훈도 하나의 한자에 하나라 할 수 없고, 두 자 이상의 숙어가 하나의 훈을 갖는 경우도 적지 않다. 이와 같이 한자의 용법이 복잡하고, 언어생활에 방해가 되므로 한자를 제한해야 한다는 주장이 메이지 이후에 일어났으며, 한자 폐지를 주장하는 사람도 있었다. 그러나, 한자·한어는 일본에 전래된 후, 일본어 속에서 중요한 기능을 담당하고 있으므로 간단히 폐지할 수 없는 것이 현실이다.

제2차 세계대전 후 1946년 일본 정부는 국어 심의회 결정에 의거하여 한자를 제한하는 「당용 한자표(当用漢字表)」1850자를 내각 훈령으로 공포하여 실시하도록 했다. 이어서 한자 자체(字体)의 불통일이나 복잡함을 피하기 위해 자체를 정리한 1949년 「당용 한자 자체표(当用漢字字体表)」 등이 정해졌다.

현재는 1981년에 공포된 「상용 한자표(常用漢字表)」가 기준이 되고 있다. 상용 한자표는 법령, 공용문, 신문, 방송 등 공적인 자리에서 사용하는 한자 일람표로 한자란, 음훈란, 예란(비고) 등으로 나뉘어져 있다.

한자의 자수(字数)

한자의 수는 시대가 흘러감에 따라 점차 증가했다. 중국의 후한 허신(許慎)의 『설문해자(説文解字)』에 수록된 한자는 9353자이지만 양(梁)의 『옥편(玉篇)』에서는 22726자, 청(清)의 『강희자전(康熙字典)』에서는 48641자에 달하고 있다. 모로하시 테츠지(諸橋轍次)편 『대한화사전(大漢和辞典)』에는 48902자가 수록되어 있다. 그러나 이들 중에는 같은 글자이면서 형태가 다른 것이나 발음이나 의미가 불분명한 것 등이 있고, 실제로 사용되고 있지 않은 글자도 다수 포함되어 있다.

일본에서는 일본 공업 규격(日本工業規格, Japanese Industrial Standard)의 정보 교환용 한자 부호인 「JIS한자」가 1978년 6348자가 제정되었으나, 이후 개정을 거듭하여 1997년에 6355자(제1수준 및 제2수준)가 제정되었다. 또한, 같은 한자를 사용하는 경우에도, 일본과 한국 및 중국, 대만 등에서는 그 한자 코드가 각각 다르므로 국제적인 정보 교환을 위한 공통의 한자 코드로서 유니코드(Unicode. 전 세계 주요 언어를 포괄하고 있는 컴퓨터 코드 체계)의 규격도 시도되고 있다.

일상생활을 영위하는데 필요한 한자의 수는 약 4000자 정도로 알려져 있다. 전술한 바와 같이, 일본 정부에서는 1981년에 상용한자표 1945자를 공포하여 한자의 자수를 제한하고 있다. 2004년에는 호적법 시행 규칙 개정에 따라「인명용 한자」488자를 쓸 수 있게 되었다. 또, 상용 한자 중 약 1000자는 초등학교 6년간에 학습할 한자(교육 한자라고도 한다)로 들고 있고, 각 학년마다 학습해야 할 한자가 배당되어 있다.

그러나 이러한 제한도 공적인 자리에서의 제한이고 컴퓨터의 보급으로 사용 한자 수는 점점 더 증가할 뿐이다.

한자의 자체(字体)

일상적으로 사용되는 한자 자체에 대해서는 1949년 당용 한자 자체표 및 이어서 1981년 상용 한자표에서 표준적인 자체를 설정하고 있다. 이것을 보통 신자체(新字体)라고 부르며, 이에 대하여 1948년 이전의 자체를 구자체(旧字体)라고 부른다. 구자체와 신자체를 비교해 보면,「惡 : 悪」「學 : 学」「當 : 当」「龍 : 竜」처럼 되는데, 신자체는 약체(略体)이므로 쓸 때도 효율적이고, 읽기도 용이하다.

「斎 : 齋」「峰 : 峯」처럼, 동일한 한자이면서 자체가 다른 한자를 이자체(異字体)라 하고, 현재에도 고유명사나 전문 분야 혹은 개인적으로는 상용 한자표에 없는 이자체가 사용되는 일이 있다. 또한, 개인이나 집단에 따라서는 이른바 약자(略字)・속자(俗字)가 사용되는 일도 있다.

상용 한자표의 전신인 당용 한자표에서는 약자체가 많이 채용되었기 때문에, 상용 한자표의 표내자(表內字)와 표외자(表外字 ; 일반 사회에서 사용되고 있는 한자로 상용 한자표에 올라 있지 않은 글자. 誰, 頃 등 ; 필자 주)와의 사이에 「靑・淸 : 錆・鯖」「眞 : 槇」「発 : 撥」과 같은 차이가 생기고 있다. JIS(日本工業規格)는 워드 프로세스 등에 사용되는 한자의 자체를 상용한자표와는 별도로 규정하고 있는데, 많은 표외자의 자체를 간략화하고 있고, 그 결과, 「森鷗外」가 「鴎外」로 되는 또 다른 문제도 발생하고 있다.

현대의 과학기술은 놀랄 만큼 발전하였지만 뇌의 기능은 아직까지 명확하지 않다. 인간의 뇌에 대해 일반적으로 잘 알려진 사실은 100억에서 140억 개의 신경세포가 있다는 것과, 좌뇌는 논리적 사고와 언어를 담당하고 우뇌에서는 도덕적이고 예술적인 면을 담당한다는 것이다.

좌뇌가 언어를 담당하므로 문자의 경우 그것을 읽는 음성은 좌뇌로 전달되지만, 자형(字形)은 우뇌로 조사(照射)된다고 한다. 특히 한자는 도형으로 우뇌에 축적되므로 기억에 깊이 새겨지는 효과가 있다고 한다.

잠시 기억을 되새겨 보자. 누군가의 얼굴만 떠오르고 이름이 잘 생각나지 않는데, 그 사람의 이름에 쓰는 한자가 한 글자 정도 언뜻 떠올랐던 경험은 없었는가.

잠깐 쉬어가기

月刊言語20-3(1991)、特集どうなるか日本の漢字、大修館書店
国際交流基金(1988)、教師用日本語教育ハンドブック ②表記 改訂版、凡人社
佐藤喜代治編(1987)、漢字講座第3巻漢字と日本語、明治書院
鈴木順子・石田敏子(1988)、外国人のための日本語例文・問題シリーズ11表
　　　　記法、荒竹出版
武部良明(1989)、日本語と日本語教育8 日本語の文字・表記(上)、明治書院
築島 裕(1981)、日本語の世界5 仮名、中央公論社
中田祝夫他(1982)、日本語の世界4 日本の漢字、中央公論社
日本語学13-4(1994)、特集 あて字、明治書院
林大監修(1982)、図説日本語 角川小辞典9、角川書店

4장
일본어의 어휘·의미

현 대 / 일 본 어 학 / 입 문

어휘는 모든 언어에 있어서 중심적인 존재이다.

어휘는 단어의 집합인데, 일본어의 어휘란 일본어로 말하거나 쓰거나 하는 언어활동 속에서 사용되는 단어의 총체를 가리킨다.

단어는 형태와 의미라는 이면성이 있고, 그 수가 방대하여 규칙화하는 것이 용이하지 않고, 또 사회와 문화와의 관계도 깊으므로, 당연히 변화도 심하기 때문에 전체적인 상을 파악하기가 힘들다.

이 장에서는 단어나 어휘의 기본적인 양상을 다루면서 어휘를 내면적·외면적으로 관찰, 분류하며, 의미면에서도 파악하고, 또는 그 변화 등에 대해서도 살펴보기로 한다.

어휘에 대한 기본 지식

어휘란?

우리 인간은 많은 집단과 조직에 속해 있으면서 서로 관계를 맺으며 사회적 활동을 하고 있다. 이러한 공동체와 인간관계 속에서 서로 주고받는 내용이 바로 '정보'이다. 정보를 이루는 것이 다름 아닌 언어이며 언어를 이루는 근간이 바로 단어이다.

사전에서 '語'를 찾으면 '단어(ことば)'라 쓰여져 있다. 그러면, 어휘는 무엇인가? '彙'라는 한자는 '모으다, 모이다'라는 뜻이다. 영어로 말하면, 단어는 "word"이고 어휘는 "vocabulary"에 해당하는 것이다. 즉, 어휘는 단어의 집합이 되는데, 단어의 집합이라고 하는 경우 거기에는 당연히 일정한 범위가 상정된다.

일정한 범위라는 것은, 크게는 한 언어, 한 시대, 한 세대, 한 지방, 작게는 한 개인, 한 작품 등 여러 관점에서 파악할 수 있다. 구체적으로 본다면, 일본어의 어휘라 하면, 과거에서 현재까지 사용된 일본어 단어의 총체를 가리키고, 겐지모노가타리(源氏物語)의 어휘라고 하면, 겐지모노가타리 속에서 사용되고 있는 단어의 총체를 가리킨다.

그런데 어휘는 질적인 측면과 양적인 측면을 지니고 있다. 예를 들면, 초등학교 1학년생이 일상 회화에서 사용하는 어휘에 대하여 생각할 경우 '어떠한 어휘를 사용하는가'라는 질적인 면과 '몇 단어 정도 사용하는가'라는 양적인 면 양쪽 다 문제가 된다. 특히 질적인 측면에 있어서는 대상으로 해야 할 혹은 학습해야 할 어휘 선정이 필요해진다. 그리하여 여기에서는 그 하나의 관점인 기본어휘와 기초어휘에 대하여 살펴보기로 한다.

또한, 양적인 측면에 있어서도 기본어휘의 선정이나 어휘의 수량적인 구성 등, 여러 가지 목적에 따라 필요한 어휘의 계량에 대하여 생각해 본다.

어휘 조사

어떤 어휘의 양적인 구성이나 거기에 있어서의 언어사용 상황을 밝히기 위하여 어떠한 단어가 어느 정도 사용되고 있는지를 조사하는 것을 어휘 조사라 한다. 일본에서는 1945년 이후 국립국어연구소를 중심으로 하여 언어학적인 관점에 선 대규모의 어휘 조사가 활발히 이루어지고 있다.

또한, 여러 목적 하에 어휘 조사가 이루어져, 그 결과가 발표되고 있는데, 최근에는 언어 교육이나 사전 편찬, 혹은 언어 정보 처리를 위하여 컴퓨터를 이용한 대규모의 어휘 조사가 이루어지고 있다.

다음에는 동요 「春が来た」의 가사를 예로 들어 어휘 조사를 해 본다. 이 가사를 단어 단위로 나누면 25가 된다.

春 / が / 来 / た　　春 / が / 来 / た
どこ / に / 来 / た　　山 / に / 来 / た

里 / に / 来 / た　　　　野 / に / も / 来 / た

이 25를 연어수라 한다. 다음으로 이 가사에 몇 종류의 단어가 나타나는가를 세어 보면「春・が・来・た・どこ・に・山・里・野・も」로 10종류가 된다. 이와 같이 같은 단어를 하나로 정리한 것을 표제어라 하며, 그 총수를 별개어수라 한다. 표제어 중에는 '来る・た'처럼 6번이나 사용되는 단어도 있고 '山・里'처럼 1번 밖에 사용되지 않는 단어도 있다. 각각의 단어가 자료 속에서 어느 정도 사용되고 있는지를 나타내는 데에 사용률을 사용한다. 사용률은 연어수에 대한 표제어의 사용도수의 비율인데, 동요「春が来た」에서의 '来る・た'의 사용률은 24%로 가장 높다.

어휘량

어떤 범위의 어휘에 대하여, 그것을 구성하고 있는 별개어의 총량을 어휘량이라 한다.

일본어의 어휘는 어느 정도일까를 생각할 때 가장 먼저 머리에 떠오르는 것은 국어사전일 것이다.『日本国語大辞典 第2版』은 전 13권에서 50만어,『広辞苑 第5版』은 23만어, 소형 국어사전인『新明解国語辞典』은 7만 5천어가 수록되어 있다. 수록되어 있는 단어 수에 상당한 차이가 있지만 이것은 그 사전이 어떠한 단어를 수록하고 있는가 하는 차이이다. 현대어만인가, 고어도 수록하고 있는가 또는 고유명사나 단카, 하이쿠까지 폭넓게 수록하고 있는가 하는 사전의 성격에 기인한다. 이와 같이, 어휘는 양적인 측면과 질적인 측면을 함께 지니고 있다.

어휘량을 조사할 때, 특정한 작품에서 사용되고 있는 어휘량을 조사하는 것은 용이하지만, 현대 일본어에서 사용되고 있는 어휘량을 추정하는 것은 간단치 않다.

국립국어연구소의 각종 어휘 조사 결과, 현대 일본어에서 성인이 사용하고 있는 어휘량은 4만어에서 5만어로 나타났지만 당연히 개인차가 크다. 또한, 상식적으로 생각해도 4, 5만어를 자유자재로 사용할 수 있다고는 생각되지 않는다. 또한, 이야기한다든지 쓴다든지 하여 자신이 사용할 수 있는 사용어휘와 자신이 사용하지 않더라도 듣는다든지 읽는다든지 하여 의미를 아는 이해어휘에서는 그 어휘량이 다르다. 사용어휘는 이해어휘의 3분의 1정도로 추측된다.

어휘조사에서 중요시되는 것은 어휘량과 사용률이다. 각종 어휘조사에서 사용률이 높은 단어(=사용 빈도가 높은 단어)를 순서대로 나열해보면, 「する, いる, ある, なる, 言う」 등의 기본 동사나 「こと, もの」 등의 명사는 모든 조사에서 상위 20위 안에 나타나고 있다. 이것은 문장어의 경우이고 구두어의 경우에는 「これ, この, そう, その」 등의 지시어나 「うん, ええ, そう」 등의 응답사, 「まあ, あっ」 등의 감동사가 상위에 나타나고 있다.

기본어휘와 기초어휘

어휘는 그 중심부에 갈수록 보다 기본적인 단어가 존재하고, 거꾸로 주변부로 갈수록 전문용어나 특수한 어휘가 존재하는 입체적인 구조를 지니고 있다. 언어 교육의 장에서는 이들 중 중심부의 어휘부터 계통적으로 가르치는 편이 효과적이다. 따라서 그 중심부의 어휘를 선정할 필요가 생긴다. 이러한 요청으로부터 나온 대표적인 것이 기본어휘와 기초어휘이다.

기본어휘(基本語彙)

중심부의 어휘를 객관적으로 선정하는 방법으로서 일반적으로는 특정한 언어 작품이나 신문, 잡지 등 언어 자료의 어휘를 조사하고, 사용률이 높고(=사용빈도가 높고), 또한 그 자료를 몇 개의 층으로 나누어 생각한 경우(예를 들어 신문이라면 사회면·경제면·가정란·연재소설 등처럼 몇 개의 층으로 나눌 수 있다), 될 수 있는 대로 여러 층에 걸쳐 출현하는 어휘를 고르게 된다.

이와 같이 어떤 목적을 위하여 어휘 조사에 의해 선정된 사용률이 높고 사용 범위가 넓은 어휘를 「기본어휘」라 한다.

기초어휘(基礎語彙)

기초어휘에 대하여『国語学大辞典』에서는 다음과 같이 설명하고 있다.

> 기초어휘라는 것은 그것에 의해 생활의 대부분을 꾸려갈 수 있는 어휘로, 단어를 결합시켜 필요한 의미를 나타낼 수 있도록 선정된 단어, 인사 등 대인 접촉에 필요한 단어, 질문이나 반문 등 정보를 획득하기 위하여 필요한 단어 및 다른 사람에게 질문하기가 곤란한, 생리상 필요를 충당하기 위한 단어로 이루어져 있다고 생각된다.
>
> (가바시마집필,「語彙」항목)

그리고 이것들은 주관적·인위적으로 선정된다. 따라서, 기본어휘가 객관적이고 귀납적인데 대하여, 기초어휘는 주관적이고 연역적이라 할 수 있다.

현대 일본어에 대하여 기초어휘에 근거하여 초급 레벨의 일본어 학습자가 배워야 할 일반적이고 기본적인 어휘를 선정한 것에 다마무라 후미오(玉村文郎)의「일본어교육 기본 2570어」가 있다. 다음 표에 발췌하여 소개한다.

名詞・代名詞

これ　それ　あれ　この　その　あの　ここ　そこ　あそこ　わたし　あなた　彼　彼女　男　女　父　母　夫　妻　あに　あね　弟　いもうと　おじ　おば　おじいさん　おばあさん　人間　学校　大学　先生　学生　勉強　練習　教科書　漢字　意味　英語　留学　雨　家　円(¥)　往復　買物　鍵　かね(金)　郵便局　切手　銀行　飛行機　空港　ごはん　刺身　自転車　新聞　テレビ　風呂　水　もの(物・者)　事(こと)　まえ(前)　後ろ　一〜十　朝・昼・晩・夜　日曜日　〜土曜日　春・夏・秋・冬　右・左　東・西・南・北

動詞

あう(合・会・逢)　あげる(上・揚・挙)　ある(有・在)　居る　要る　住む　売る　買う　起きる　寝る　為る　食べる　飲む　つくる　着る　いく(行)　かえる(帰・返)　くれる　もらう　使う　出す　出る　切る　つく(付・着・就)　とる(取・採・執)　成る　のる(乗・載)　払う　曲がる　待つ　持つ　やめる　降る　やむ　言う　話す　答える　しゃべる　思う　考える　書く　聞く　見る　見せる　読む　教える　習う　調べる　知る　数える　頑張る　わかる　まちがえる　忘れる　感じる　怒る　喜ぶ　笑う

形容詞

赤い　白い　あたたかい(暖・温)　暑い　涼しい　寒い　新しい　古い　熱い　ぬるい　冷たい　甘い　からい　おいしい　まずい　いい　悪い　大きい　小さい　長い　短い　高い　低い　多い　少ない　重い　軽い　近い　遠い　難しい　やさしい(易)　優しい　すごい　忙しい　痛い　うれしい　楽しい　悲しい　苦しい　つらい　こわい　恥ずかしい　ねむい　欲しい

形容動詞

きれい　好き　嫌い　かわいそう　結構　じゃま　自由　じょうず　じょうぶ　にぎやか　どんな　変(だ)

副詞

いっぱい　一般(に)　いつも　いろいろ　決して　全然　さすが(に)　さっき(先)　しっかり　じっと　じゅうぶん(十分・充分)　ずいぶん　せっかく　ぜひ　せめて　そろそろ　だいぶ(大分)　たいへん　互いに　たくさん　たとえ　例えば　ちゃんと　ちょっと　どう　どうか　どうして　どうしても　どうぞ　どうも　ときどき　特に　とにかく　なかなか　なるべく　はじめて　まだ　もう　もっと　やっと　ゆっくり(と)

助詞

ーか　ーが　ーから　ーさ　ーさえ　ーし　ーしか　ーずつ　ーだけ　ーたり　ーて　ーで　ーても　ーでも　ーと　ーとか　ーな　ーながら　ーなど　ーなら　ーに　ーね　ーの　ーので　ーのに　ーのみ　ーは　ーば　ーばかり　ーへ　ーも　ーや　ーやら　ーより　ーを

助動詞

ーう　ーさせる　ーそうだ　ーた　ーだ　ーたい　ーたがる　ーだろう　ーです　ーない　ーぬ(ん)　ーべし　ーます　ーみたい(だ)　ーよう　ーようだ　ーらしい　ーられる　ーれる

接続詞

けれども　しかし　そうして／そして　それから　それで　それでは　それでも　それとも　だから　でも

その他

ありがとう　はい　いいえ　おはよう　今日は　さようなら　おやすみ　ごめん　すみません　もしもし

초급레벨의 학습자가 배워야 할 기본어휘
『日本語学を学ぶ人のために』에서 인용

어휘의 분류

일본어 어휘는 그 수도 많고 또한 다방면에 걸쳐 있으므로, 몇 개의 관점에서 분류할 수 있다. 어떠한 관점에 의해 분류할 지는 어휘의 성질, 분류 목적 등에 따라 다른데, 보통 의미, 어종, 위상, 어구성, 문법기능에 의해 분류할 수 있다. 여기에서는 어종에 의한 분류를 중심으로 하여 살펴보기로 하며 의미와 어구성 등은 별도로 다루기로 한다. 문법기능에 대해서는 문법분야와 중복되므로 제외한다.

어종에 의한 분류

일본어는 여러 문자를 사용하는 것으로 유명하지만, 단어의 출신을 찾아보면 여러 가지가 나타난다.

(아사히 신문, 2002년 7월 9일자 「天声人語」에서)

이 문장에서 가타카나로 쓰여 있는 것은 외래어이고, 「飲酒運転」처럼 한자의 음으로 쓰여 있는 것은 한자어이다. 그밖에는 전부 일본 고유어이다. 한자로 쓰여 있어도 「乗(り)合(わせ), 母親」처럼 훈으로 읽는 것은 고유어이다. 또한, 「高速バス」는 한자어와 외래어로 되어 있는데, 이것은 혼종어이다.

일본어 어휘는 아래와 같은 4종류로 분류할 수 있다.

(1) a. 古着, 植木, いろいろ, もの
   b. や, など, が, ます
(2) 骨董, 陶器, 衣類, 食品, 日用雑貨
(3) アクセサリー, イラスト, テレビ
(4) 布地, スポーツ靴

(1)은 일본 고유어로서 외국과 언어 교섭이 이루어지기 이전부터 일본어 속에 있었던 것이다. (2)는 한자어로 통상은 한자로 쓰고 음으로 읽는 단어를 말한다. (3)은 외래어로 한자어 이외의 외래어를 가리키는데 대부분은 서구어를 기원으로 한다. (4)는 (1)~(3)의 2종이상이 결합하여 만들어진 혼종어이다.

이것을 간단히 표시하면 다음과 같다.


```
        ┌ 단종(単種) ┌ 고유어 · · · · · 고유어
단어 ┤             └ 차용어 · · · · · 한자어 · 외래어
        └ 복종(複種) · · · · · · · · · 혼종어
```


그러나 한자어는 중국어를 기원으로 하는 단어도 적지 않지만, 일본어 속에 들어와 정착한 역사도 깊고, 또한 많은 한자어는 일본인이

한자음을 자유자재로 사용하여 만들어낸 것이므로 차용어라는 의식이 희박하다.

고유어(和語)

고유어는 「야마토 코토바(大和言葉)」로도 불리는데, 일본어 고유 성분만으로 되어있는 어종이다. 일본어 속에 원래부터 존재한 어휘이므로 일상생활의 모든 분야에서 빈번히 사용되고 있다.

그러므로, 일상생활에서 사용하는 어종으로서는 고유어가 양적으로는 가장 많기 때문에 한자어에 비해 기본적인 단어가 많고, 현대어 어휘에 있어서 중심적인 지위를 차지하고 있다.

어형은 옛날에는 け・は・て 등의 1음절어나 やま・かわ・あめ 등의 2음절어 등 짧은 것이 많았지만, 현재는 다른 어종과 마찬가지로 つきあう・くわしい・いきなり 등 4음절어가 많다.

품사별로 보면, 고유어는 명사・동사・형용사・부사 등 모든 품사에 분포되어 있다. 특히 동사는 한자어동사 「～する」나 한자어 유래동사(力む, 事故る 등), 외래어 유래동사(サボる, ダブる 등)를 제외하고는 모두 고유어이다. 조사도 모두 고유어라고 할 수 있다.

고유어 명사에는 추상적인 의미를 갖는 단어도 있지만, 전체로 봐서는 그리 많지 않고, 식물, 물고기, 새, 곤충 등 자연에 관한 어휘가 풍부하다. 그 중에서도 비의 종류를 나타내는 단어가 많은 것은 유명하여 「こぬかあめ, てんきあめ, はるさめ, さみだれ, つゆ, しぐれ,

ゆうだち, きつねのよめいり」 등이 있다. 우리나라의 TV드라마에서 남자 주인공은 '여우비'와 맞닥뜨린 여주인공이 첫사랑 연인과 똑같게 "호랑이가 장가가나? 아니면 여우가 시집가는 건가?"하며 불쑥 말을 꺼내는 것에 숙명적 사랑을 확신하는 장면이 나온다. 이 여우비가「きつねのよめいり」이다. 그밖에 일본어는 비에 관한 어휘도 풍부하여,「雨男(あめおとこ)」「雨女(あめおんな)」와 같은 단어가 있는데, 그 남자(여자)와 함께 가면 반드시 비가 내리는 남자(여자)를「雨男(雨女)」라 하는데, 이러한 말은 다른 나라에는 없는 말이다.

눈이나 귀로 포착할 수 있는 확실한 형태를 갖추고 있는 것(구상물)은 고유어 어휘가 풍부하지만, 추상적인 개념을 나타내는 어휘는 부족하다고 할 수 있다. 의성어·의태어가 많은 것도 이러한 것에 기인한다고 할 수 있을 것이다.

동사의 대부분은 고유어인데 고유어 동사는 고유어 명사의 특징과는 반대로 추상적인 개념을 나타낸다. 예를 들면,「はいる」는 '病院·学校·同好会·国·会社·政党' 등 어디에도 쓸 수 있다. 그러나 이들을 한어동사로 표현하면, [入院·入学·入会·入国·入社·入党 + する]로 각각 달라진다.

고유어는 파생어를 만들고, 또 복합어도 만든다. 긴다이치 하루히코(全田一春彦)에 의하면, 일본 국가의 옛 명칭은「トヨアシハラノイチイホアキノナガイホアキノミヅホノクニ」라고 하는데, 고유어로 여러 개념을 포함한 복합어를 만들려고 하면 위의 예처럼「명사 + ノ + 명사 + ノ〜」가 되어 어형이 길어질 수 밖에 없다.

한자어(漢語)

한자어는 한자로 쓰고 음으로 읽는 것을 가리킨다. 한자어에는 오음·한음·당음으로 읽는 경우, 한음과 오음이 혼재되어 읽는 경우가 있다. 그 밖에 관용음이라 하여 그러한 음을 지닌 근거를 설명하기 어려운 것, 또는 잘못된 읽기가 일반화된 것도 있다. 「消耗(ショウモウ)」(본래의 음은 ショウコウ), 「口腔(コウクウ)外科」(본래는 コウコウ) 등은 오독이 관용화된 예이다.

그런데, 어떤 한자를 오음·한음·당음으로 읽을까는 그 한자의 전래 시기나 사용 영역(「法師, 布施」 등 불교 관계어는 오음이 많다)에 따라 경향성을 띄지만, 현대어에서는 개개의 한자에 따를 수 밖에 없다.

현대에 쓰이는 한자어 중에는 일본에서 민든 한자어, 즉 일본제 한자어도 상당히 많이 있다.

〈일본제 한자어(和製漢語)〉

(ⅰ) 고유어의 한자 표기를 음독하여 만들어진 것.

예) 火の事(ひのこと) → 火事(カジ)

大根(おおね) → 大根(ダイコン)

出張る(でばる) → 出張(シュッチョウ)

返事(かえりごと) → 返事(ヘンジ)

(ⅱ) 서구어의 번역어로서 일본에서 한자를 결합하여 만든 것.

예) 哲学, 社会, 恋愛, 郵便, 鉄道, 市民 등

(ⅱ)는 번역 한자어로 불리기도 한다. (ⅱ)에는 중국에서 차용한 「銀行」「代数」, 옛 한자어를 소생시킨 「観念」「革命」 등도 있다. 단, 근대 중국어에서 들어온 「麻雀(マージャン)」「拉麺(ラーメン)」 등은 한자어에 포함하지 않고 외래어로 분류한다.

어형은 고유어도 외래어도 4음절어가 가장 많은데, 한자어도 「大学(だいがく)」「国際(こくさい)」「洗剤(せんざい)」 등 4음절어가 반 수 이상을 차지하고 있다.

현대어 한자음의 음운 구성이 비교적 단순하기 때문에 한자어에는 동음어가 생기기 쉽다. '귀사의 기자는 기차로 회사에 돌아가다'라는 말을 한자 표현으로 줄여 쓰면 「貴社記者汽車帰社」가 될 것이다. 이것을 한자음으로 그대로 읽으면 「きしゃきしゃきしゃきしゃ」와 같이 똑같은 음이 되풀이된다. 이와 같이 동음어 문제는 커뮤니케이션상의 혼란을 초래하기 때문에 우리나라와 같은 한글 전용은 꺼내기 힘든 것이다.

한자어는 조어력이 강하다. 이것은 음절수가 적고 간결한 것, 그 결합이 간단한 것 등에 기인하지만, 「中小企業事業活動活性化法案」 등과 같은 긴 단어가 형성되기 쉽다. 또한, 「全日本, 反政府, 民主的, 保守化, 協調性」 등의 '全, 反, 的, 化, 性'과 같은 접두사·접미사도 한자어의 조어에 일익을 담당하고 있다.

외래어(外来語)

　외래어는 일본어 어휘의 외래성분 중, 한자어를 제외한 어종을 말한다. 한국어 기원, 중국어 기원 등의 외래어도 있으나, 전체적으로는 영어를 중심으로 한 서구 제 언어에서 들어온 것이 다수를 차지하고 있다. 따라서 서양어라고 하는 경우도 있다.

　또한, 일본에서 만들어진 「ナイター(night game)・ガソリンスタンド(gas station)・サラリーマン(business man)」 등의 일본제 영어나 「ポスト」(영어에서는 우편, 우편물의 의미. 외래어에서는 우편함의 의미), 「アラカルト」(프랑스어에서는 메뉴에 의함의 의미인데 외래어에서는 일품요리의 의미)와 같은, 원어와는 다른 의미나 표현으로 사용되는 것도 외래어로 취급된다.

　현대 일본어에 있어서 외래어의 80% 이상은 영어로부터의 차용어이다. 그러나 역사적으로 보면, 외래어는 16세기에 포르투갈 선교사에 의해 포르투갈어・스페인어가 처음 들어온다. 「アジア・オランダ」라는 지명과 「パン・テンプラ・カルタ」 등이 그것인데, 포르투갈어・스페인어를 통하여 「カボチャ(캄보디아어 기원)・サラサ(saraça)(자바어 기원)・タバコ(tabako)(서인도제도의 하이티어 기원)」 등도 들어왔다.

　17세기가 되면, 쇄국정책의 영향으로 네덜란드어가 중심이 된다. 「アルコール・ガラス・ゴム・ビール」 등이 있다. 19세기 초, 에도막부 말기가 되면, 영어, 프랑스어로부터 유입되기 시작하고, 메이지

이후는 독일어, 이탈리아어, 러시아어 등으로부터도 들어오게 된다.

프랑스어 유래의 외래어　…カフェオーレ, パレット, マヨ
　　　　　　　　　　　　ネーズ, デカダン, ユニーク 등
독일어 유래의 외래어　　…アルバイト, ゼミナール, シュ
　　　　　　　　　　　　プール, カルテ, テーマ 등
이탈리아어 유래의 외래어　…オペラ, テノール, マドンナ, ソロ,
　　　　　　　　　　　　ソナタ 등
러시아어 유래의 외래어　　…トロイカ, ツンドラ, ノルマ, ペチ
　　　　　　　　　　　　カ, コルホーズ 등

어형에 관하여 보면, 외래어도 「スカート・テーブル」 등 4음절어
가 가장 많은데, 「ページ・コート」 등 3음절어도 많이 보인다. 한자
어・고유어와 비교하여, 예를 들면 「ターミナル・デッドボール・
コミュニケーション」 등의 5음절어, 6음절어, 7음절어 등의 긴 음절
어의 비율이 높은 것도 특징이다.

외래어는 원음의 발음을 일본어화하여 일본어 음운으로 치환할 수
있는데, 그 때 현저한 현상은 영어의 'strike[stráik]'가 「ストライク
[sutoraiku]」로 되는 것처럼, 원어의 자음이 음절화되는 것에 의해 외
래어의 어형이 길어진다. 이 때문에 「インフレーション → インフ
レ, アルバイト → バイト, エアコンディショナー → エアコン」처럼
생략어가 많아진다.

또한, 일본어는 모음과 자음수가 적으므로, 외래어 발음은 원어에 가장 가까운 음으로 대용되므로, 원어의 발음보다도 단순한 것이 된다. 예를 들면, right와 light는 둘 다 「ライト」가 되고, bus와 bath도 「バス」가 된다. 외래어 표기가 혼동되는 경우도 있는데, ティーム・チーム, ヴァイオリン・バイオリン, ダイアモンド・ダイヤモンド 등이 병존하고 있다. グラス・ガラス, カップ・コップ처럼 어원을 달리하는 경우, 원어의 차이에 의해 이중형을 지닌 경우도 있다. 이러한 형태 차이에 의해 의미 분화도 보여진다.

혼종어(混種語)

혼종어는 합성어의 일종으로 어종이 다른 단어나 또는 어종이 다른 접두사・접미사가 결합하여 생긴 것이다. 어종별 분포에서 보면 혼종어가 차지하는 비율은 크지 않지만, 다음 예처럼 실제로는 많은 분야에서 사용되고 있고 복잡해져 가는 사회에서 그 수는 점점 더 증가할 것이라고 생각된다.

電子メール　ごみ焼却場　一人っ子政策
遺伝子組み替え食品表示　등

혼종어는 크게 다음의 3종류로 나눌 수 있다.

（ⅰ）고유어 + 한자어

水商売　お好み食堂　真正面　粗大ごみ

労働組合　勉強する　書籍小包　등
（ⅱ）한자어 + 외래어

温水プール　電子マネー　防犯ブザー

デジタル放送　アルカリ性　オフィス街　등
（ⅲ）외래어 + 고유어

ポリ袋　マッチ箱　チェックする　生クリーム

窓ガラス　ランク付け　등

원어가 다른 외래어끼리의 결합인「カフスボタン」(영어 + 포르투갈어)이나「クリームパン」(영어 + 포르투갈어),「アルペンスキー」(독일어 + 영어) 등을 혼종어로 분류하는 경우도 있다. 또한,「台所(だいどころ)・献立(こんだて)」와 같이 음과 훈의 순서로 결합한 쥬바코요미로 된 단어나「手本(てほん)・場所(ばしょ)」와 같이 훈과 음의 순서로 결합된 유토요미로 된 단어 등을 혼종어로 취급하는 경우도 있다.

혼종어의 어형은 당연히 고유어・한자어・외래어보다 길어진다.

품사는 명사가 많은 비율을 차지하지만,「旅行する・チェックする」와 같이 한자어・외래어에 고유어「する」가 붙어서 동사가 된 것도 있다. 또한,「高級な・エレガントな」와 같이 한자어・외래어에「～な」가 붙어서 형용동사로,「クールに・堂々と」와 같이「～に」「～と」가 붙어서 부사가 된 것도 있다.

이상 어종에 의한 분류에 대하여 살펴보았는데, 국립국어연구소에서 조사한 결과를 보면 다음 표와 같다.

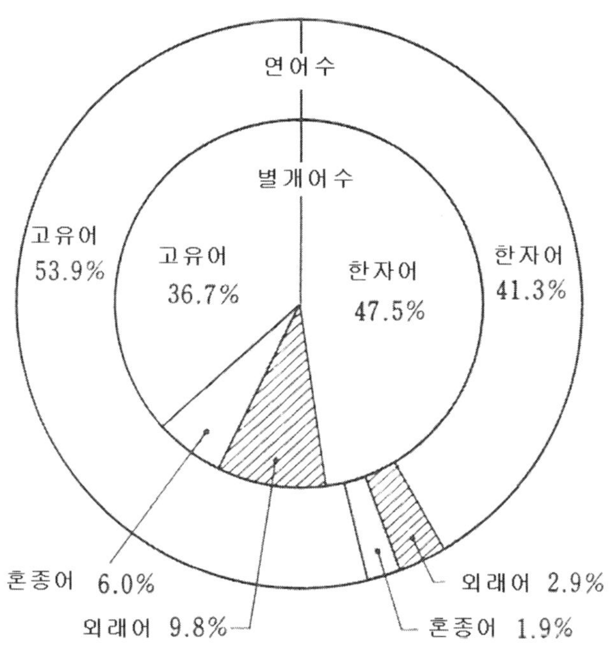

어종에 따른 어휘 분류―『語彙の研究と教育(上)』참고로 작성

어감과 문체 · 어종과의 관계

문체의 차

고유어, 한자어, 외래어의 표현상의 차이는 문체의 차이라고도 할 수 있다.

고유어가 구두어적이고 부드러운 느낌이 드는데 대하여, 한자어는 문장어적이고 딱딱한 느낌이 든다. 외래어는 다소 현학적이고 경솔한 느낌이 든다. 이것은 고유어가 일상생활 속에서 몸에 익힌 어휘인데 대하여, 한자어·외래어는 서적 등의 학습을 통하여 몸에 익힌 것이라는 점에 유래하는 차이일 것이다.

이러한 것 때문에, 한자어가 아닌 고유어로 표현하면 격조가 없고 교양을 느낄 수 없다는 평가가 나오고, 같은 사항이라도 그럴 듯하게 말하기 위해서는 한자어 말투를 좋아하는 경향이 있다. 같은 사람이라도 스스럼없는 장면에서는 고유어를 많이 사용하는데 반하여, 격식을 차린 장면이 되면 한자어를 다용하게 된다는 조사 보고도 있다. 또한, 구두어보다는 문장어 쪽이 한자어 비율이 높아진다.

외래어의 이미지

외래어가 일반적으로 서양풍으로 근대적이면서 세련된 이미지인데 대하여, 고유어는 일본풍으로 전근대적인 느낌이 든다는 어감상의 차이가 생기는 경우가 있다.

같은 숙박시설이라도 「宿屋－旅館－ホテル」를 비교하면, 「ホテ

ル」가 가장 서양풍으로 근대적인 느낌이 든다. 또, 「取り消し－解約－キャンセル」 등에서도, 「取り消し」는 약속 등이 없었던 것으로 하는 경우에 사용하는데 대하여, 「解約」은 보험 계약 등 격식이 있는 것을 취소하는 경우에 사용하고, 「キャンセル」는 호텔이나 비행기의 탑승 등을 취소하는 경우에 사용한다. 바꾸어 말해보면, 「宿屋」나 「取り消し」가 넓고 일반적인데 대하여, 「ホテル」나 「キャンセル」는 한정된 것이라 할 수 있다.

「トイレ－便所」「ローン－借金」「オーダする－注文する－あつらえる」 등에서, 외래어가 고유어나 한자어보다 완곡한 표현이라고 할 수 있다. 또, 외래어는 새롭고 고급스럽다라는 어감을 동반한다. 「店の売子」가 아니고 「ハウス・マヌカン」, 「健康体操指導員」이 아니고 「エアロビ・インストラクター」라는 것 등이다.

외래어와 그것을 번역한 단어가 존재할 때는 의미상의 문제가 생기는 경우가 있다. 「コンピューター－電子計算機」「ニーズ－必要性」「メリット－利点」「リスク－危険性」「ビッグ－大きい」「ドライバー運転士」와 같은 경우이다. 외래어와 번역어 어느 쪽을 사용하더라도 의미적으로 거의 차이가 없는 「コンピューター－電子計算機」와 같은 것이 있지만, 「ドライバー－運転士」가 되면 그 뉘앙스가 달라진다. 「タクシーのドライバー」라고는 하지만, 「新幹線のドライバー」라고는 할 수 없는 것처럼, 외래어와 번역어를 어떻게 구별하여 사용해야 하는가 하는 유의어의 문제가 생긴다.

어구성

어구성이란?

　어구성에는 단어가 어떻게 만들어지는가 하는 조어적(造語的)인 측면과 어떤 단어가 어떠한 구조를 지니고 있는가 하는 어구조상(語構造上)의 측면이 있다. 예를 들면, 「返事」는 「かへりごと」라는 일본 고유어가 한자 표기가 되고, 그 한자를 음독하여 생긴 일제 한자어라는 견해가 조어론적 분석이고, 이에 대하여 「返事」는 「返(ヘン)」과 「事(ジ)」라는 한자음 요소로 되어 있다는 견해가 어구조론적 분석이다. 보통, 어구성론이라면 후자의 어구조론을 가리키는 경우가 많다.

　여기에서는 어구조를 중심으로 어구성 문제를 다루어 보고자 한다.

단어의 종류

　단어에는 「ひと」「本」「飛ぶ」「高い」와 같이 그 이상 작은 의미를 가진 구성요소로 나눌 수 없는 것이 있는데 이것을 「단순어(単純語)」라 한다. 단순어에 대하여 두 개 이상의 구성요소로 된 단어를 「합성어(合成語)」라 한다. 합성어에는 「파생어(派生語)」와 「복합어(複合語)」가 있다. 기본적으로 파생어는 한 개의 어기(語基)와 한 개 이상의 접사로 되어있고, 복합어는 두 개 이상의 어기로 되어있다.

　접사는「お」「さん」과 같이 자립성이 없고, 항상 어기와 붙어 단어가 된다. 어기에는「紙」「箱」처럼 자유 형식인 것과「あま(雨)」「ほの」와 같이 구속 형식인 것이 있다. 자유 형식은 그대로 단어가 되는 자립성을 띄고 있는 것이다. 구속 형식은 자립성이 없고, 접사 또는 어기와 결합하여 단어가 되는 것이다. 구속 형식의 어기는 자립성이 없다는 점에서 접사와 비슷하지만, 양자는 본질적인 차이가 있다. 예를 들면, 어기「ほの」에 접사「めく」를 후접하면 단어가 되지만,「お」「さん」 등은 어떠한 접사가 결합해도 단어가 되지 않는다.

　이러한 어기나 접사를 어구성 요소라 한다. 이상을 정리하면 다음과 같이 분류할 수 있다.

```
         ┌─ 단순어  ……… ひと, 本, 飛ぶ, 高い, もし 등
단어 ────┼─ 파생어  ……… お店、お嫁さん, 男っぽい, 不器用 등
         └─ 합성어 ┬─ 첩  어 … 人びと, 泣き泣き, ほのぼの 등
                   └─ 복합어 … 紙箱, あまがさ, 山かわ 등
```

단순어

　단순어는 실질적인 의미를 나타내고, 단어 의미의 중핵적인 부분을 담당하는 요소인 어기 하나로 된 단어이다. 예를 들면,「机」「紙」「塩」「走る」「まぶた(瞼)」「さかな(魚)」 등과 같은 단어인데 그 구성 자체가 문제되는 일은 없다.

여기에서 주의를 요하는 점은, 어구성의 분석은 공시태에서 행하지 않으면 안된다는 것이다. 「まぶた」나 「さかな」는 「目の蓋」「酒 + 菜」(おかず의 의미)였지만, 현대 언어 의식에서는 단순어로 취급한다.

또한 외래어의 경우 「ランデブー」는 프랑스어 ‘rendez-vous’로 복합어이고, 「ドラマチック」는 영어에서는 ‘dramatic’으로 ‘drama + -tic’으로 된 파생어인 것처럼, 원어에서는 어구성상은 합성어라도 현대 일본어에서는 단순어로 생각하는 것이 적당하다.

합성어

합성어는 두 개 이상의 어기로 된 복합어와 어기와 접사로 된 파생어로 나뉜다.

·복합어

어기는 접사와 달라 그 종류가 많기 때문에, 거기에서 만들어진 복합어도 당연히 방대한 수에 이른다. 현재, 국어사전에 등록되어 있는 단어의 대부분은 복합어이다. 복합어는 다음과 같이 셋으로 나눌 수 있다.

（ⅰ）종속구조 … 雪どけ, 逆上がり, 青葉 등
（ⅱ）병렬구조 … 手足, 山かわ, 尾ひれ 등
（ⅲ）중복구조(첩어형식) … 人びと, 泣き泣き, ほのぼの 등

・파생어

　파생어의 필수요소인 접사에는 어기의 앞에 붙는「접두사」와 어기의 뒤에 붙는「접미사」가 있다(「접중사」는 인도네시아어나 만주어 등에는 있지만 일본어에는 없다).

　　（ⅰ）접두사가 붙은 것 …す足, 小暗い, お金, か細い, 不利益
　　　　　등
　　（ⅱ）접미사가 붙은 것 …さかな屋, 高さ, 子供っぽい, 機械化,
　　　　　アルカル性, 玉串料　등

「おしろい, おにぎり, おなか」등은 현대 일본어에서는 이미 단순어가 되었다. 역사적으로는 이들은 접두사「お」가 붙은 파생어였는데, 지금은「お」를 뗄 수 없는─「しろい, にぎり, なか」등은 완전히 다른 의미를 지닌다─ 것으로 변해있기 때문이다.

　한자어계 접미사에는「化, 性」을 비롯해「的, 料」등 여러 어기와 결합하는 경우가 많고, 생산성이 높음을 엿볼 수 있다. 이들은 외래어계나 고유어계의 어기와도 결합되는데, 이러한 것에서 이들 접미사가 일본어 속에 잘 침투되어 있다는 것을 알 수 있다.

합성어 형성시의 음운 변화 현상

　합성어 중에는 구성요소가 결합할 때에 다음과 같이 음소가 변화하는 경우가 있다.

（ⅰ）연　탁 …후항요소의 어두음이 청음에서 탁음으로 변화하
는 현상.

ほん + はこ → ほんばこ

ひと + ひと → ひとびと

（ⅱ）모음교체 …전항요소의 끝모음이 다른 모음으로 교체하는
현상.

あめ + みず → あまみず

しろ + たま → しらたま

（ⅲ）음편화 …전항요소의 끝음절이 촉음이나 발음으로 변하는
현상.

ひき + つかむ → ひっつかむ

ぶち + なぐる → ぶんなぐる

（ⅳ）음운첨가 …전항요소와 후항요소 사이에 새로운 음소가 삽
입되는 현상.

はる(haru)+あめ(ame) → はるさめ(harusame)

（ⅴ）연　성 …앞음절이 m・n・t 로 끝날 때, 다음에 ア・ヤ・
ワ행음 중 어느 것인가가 오면 그 부분이 マ・
ナ・タ행으로 변화하는 현상. 이 현상은 중세에
많이 보였으며 현대에는 특정한 단어에서 밖에
볼 수 없다.

さん(三) + い(位) → さんみ

はん(反) + おう(応) → はんのう

せつ(雪) + いん(隠) → せっちん

（ⅵ）음운축약 … 모음이 연속하면, 어느 쪽인가 한쪽 모음이
탈락하는 현상.

て(te) + あらい(arai) → たらい(tarai)

(vii) 반탁음화 … 후항요소의 두음절이 ハ행음에서 パ행음으로
변하는 현상으로 직전의 촉음화도 동시에 일어
난다.

ぶち + はなす → ぶっぱなす

의미

단어의 의미

개개의 단어가 가지고 있는 의미에는 일반적이라는 성질이 있다. 단어의 의미는 현실 그 자체가 아니라, 우리가 이야기하거나 쓰거나 하는 언어행위의 결과 얻어지는 현실세계의 일반적인 투사이다. 「灰皿(재떨이)」라는 단어에 대하여 생각해 보자. 재떨이는 재질면에서는 유리로 된 것, 금속성인 것, 목재인 것 등이 있고, 형태도 사각인 것, 동그란 것 등 여러 가지가 있지만, '담뱃재나 꽁초를 넣기 위한 그릇'이라는 성질을 지니고 있는 점에서 공통되어 있다. 「食べる(먹다)」라는 단어는, 인간이 식탁에서 식사를 하는 경우, 걸으면서 사과를 먹는 경우, 물고기가 먹이를 먹는 경우 등, 실제 동작은 꽤 여러 가지로 나타나고 있다. 현실 동작은 다르더라도 '생물이 영양물을 목을 통하여 체내에 넣는다'라는 일반적인 특징이 공통되어서, 이러한 동작에 대해서는 어느 것이나 「食べる」라는 단어로 나타낼 수가 있다. 단어의 의미란 이와 같이 그 단어가 나타낼 수 있는 것에 공통되는 일반적인 특징을 말하는 것이다. 사전에 기술되어야 하는 단어의 의미는 특정한 실체나 특정한 동작이 아니다.

개개의 단어는 다른 단어와 구별된 개별적 의미를 지니고 있다. 「机(책상)」은 '작업을 하기 위한 바닥에 평행한 대', 「ペン(펜)」은 '잉크를 찍어서 문자나 선 등을 그리는 도구'라는 개별적 의미를 지니고

있다. 이러한 의미를 어휘적 의미, 또는 사전적 의미라 한다.

단어 중에는 「つくえ・ペン」과 같이 구체적인 사물을 가리키는 것과 「愛・友情」과 같이 추상적인 개념을 가리키는 단어가 있다. 그러나 조사・조동사・접속사와 같이 서술이나 진술, 문의 전개 등 오로지 문장 안에서 화자의 판단을 나타내는, 소위 언어 기능으로서의 의미 밖에 갖지 않는 것이 있다. 이러한 의미를 문법적 의미라 한다. 동사・형용사・부사 등은 어휘적 의미와 함께 문법적 의미까지 갖는 것들이다.

일반적 의미와 달리 그 단어가 문중에 사용되었을 때, 대화 장면이나 문맥, 구두표현의 경우 발성의 스타일에 따라 갖게 되는 특수한 의미를 문맥적 의미라 한다. 문맥적 의미는 단어가 실제로 담화나 문장 속에서 쓰인 개별적 의미인 관계로, 청해나 독해 학습시 각별히 중시하지 않으면 안될 점이기도 하다.

단의어・다의어

단어에는 「虫垂炎(충수염)」과 같이 '맹장의 맨 끝에 있는 충수의 염증'이라는 하나의 의미 밖에 가지고 있지 않은 것이 있는가 하면, 몇 가지의 의미를 가지고 있는 것이 있다. 전자를 단의어, 후자를 다의어라 한다. 「충수염」과 같은 의학용어나 「幾何学(기하학)」 등의 과학용어나 「崩御(붕어)」와 같은 특수한 말, 또는 「新宿, 夏目漱石」 등의 고유명사도 단의어이다. 이에 대하여 「こと, もの」 등의 추상적

인 명사나「手, 目」등의 신체어휘, 동사「とる, みる」, 형용사「よい,
たかい」등의 기본적인 단어는 거의 다의어이다.

다의어의 예로서「口(입)」을 들어 보자. 원래 의미(원의)를 사전에
서 보면 다음과 같다.

  (i) 사람이나 동물이 체내에 음식물을 섭취하는 기관인데 사람
    의 경우에는 음성을 내는 데도 사용한다.

이어지는 몇 개의 의미를 살펴본다.

  (ii) 물건이나 사람이 출입하는 곳.
    表の口(정면의 출입구)
  (iii) 용기 등에서 안의 물건을 꺼내거나 넣는 곳. 또는, 그곳을
    막는 마개.
    瓶の口(병마개)
  (iv) 사물의 시작.
    宵の口(초저녁)
  (v) 입으로 내서 말하다.
    口が重い(과묵하다)

(ii)~(v)는 각각 원래의 의미에서 파생된 의미이다.

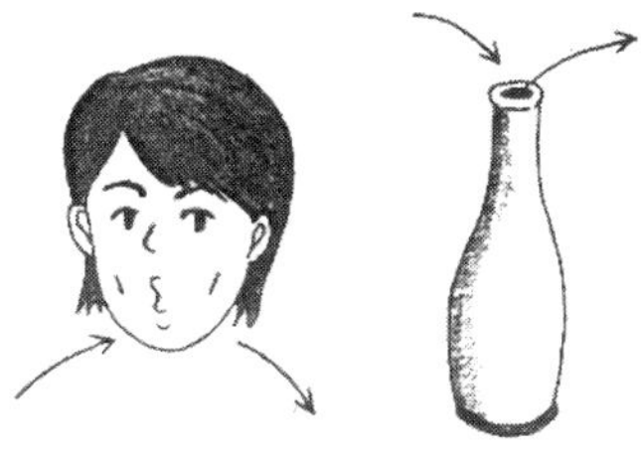

「口」의 원래 의미와 전이된 의미

유의어

십수년 전, 당시 국철 요금 인상을 걱정한 주부들이 오사카 철도 관리국에서 교섭을 한 일이 있었다. 주부들로부터 "운임 개정 계획이 있느냐?"라고 질문을 받은 국철 측 책임자는 "절대로 운임 개정은 없습니다"라고 했지만, 얼마 지나지 않아 국철은 요금 개정을 발표했다.

이 글에서 주부들은 철도를 이용할 때 드는 비용 일체를 막연하게 얘기한 것이지만, 철도관계자 사이에서는 「運賃(운임)」과 「料金(요금)」은 별도이다. 전자는 거리제로 여객요금과 화물요금, 보통운임과 정기운임을 포함하고, 후자에는 특급요금, 급행요금, 좌석요금, 침대요금 등이 있지만, 일반 사람들이 사용할 때는 전문용어에 대한 인식이 없기 때문에 분쟁이 일어난 것이다.

이와 같은 「運賃」과 「料金」을 비롯하여 「去年」과 「昨年」, 「捕手」와 「キャッチャー」처럼 어형은 다르지만 의미가 거의 동일한 단어를 유의어라 한다.

유의어간의 기본적인 의미관계는 다음의 세 가지로 나타낼 수가 있다.

(ⅰ) 한 쪽의 의미가 다른 쪽에 포함되는 것.

「辞典」과 「字引」, 「治療する」와 「なおす」 등

(ⅱ) 부분적으로 겹치는 것.

「道」와 「通り」, 「のぼる」와 「あがる」 등

(ⅲ) 서로 밀접해 있지만 겹치지 않는 것.

「軽震」과 「弱震」, (철도 용어로서의) 「運賃」과 「料金」 등

(ⅰ)은 상위어와 하위어 관계로, 「字引」는 「辞典」 외에 「字典」의 뜻도 있다. 「なおす」는 「修理する」 또는 「修繕する」도 나타내는 넓은 의미의 단어이다. (ⅱ)는 양쪽 단어가 일부분 겹치는 관계에 있는 가장 유의어다운 유의어이다. 「のぼる」와 「あがる」의 예를 보자.

a. 階段をのぼって、二階にあがる。
b.*階段をあがって、二階にのぼる。

「階段を」는 이동의 경로를 나타내고, 「二階に」는 이동한 결과의 위치를 나타낸다. 「のぼる」도 「あがる」도 '아래로부터 위로의 이동'을 나타내는 점에서는 공통되지만, 「のぼる」는 이동의 과정에 초점이 있고, 「あがる」는 이동의 도달점에 초점이 있으므로 위 예문에서

a는 자연스러운데 b는 부자연스럽다. (iii)은 전문용어로서 엄밀하게
는 구별해야 되는 단어인데, 일상어 속에서는 확실한 구별을 하지
않은 채 사용하고 있는 경우의 예이다.

「ふたご」와「双生児」,「卓球」와「ピンポン」과 같은 단어는 지시
하는 대상의 범위가 완전히 일치하는 동의어의 경우이다. 그러나,
유의어 문제를 생각할 때, 어감이나 뉘앙스 차이를 무시할 수 없기
때문에 동의어라고 일컬어질 수 있는 경우는 드물다.

반대어 · 대어

지시 대상이 부분적으로 짝이 되는 한 쌍의 단어를 대어라 한다.
대어 중 그 의미 특징이 어느 한 점에 있어 정반대의 관계에 있으면
반대어이다.

반대어는 의미면에 있어 객관적인 대립관계에 있다.

（ⅰ）한 쪽이 긍정이 되면 다른 쪽이 부정되는 관계.
　　　男 ↔ 女, 表 ↔ 裏, 出席 ↔ 欠席, ある ↔ ない 등
（ⅱ）양극을 가리키는 대립이지만 중간에 위치하는 것이 있다.
　　　北極 ↔ 南極, 満点 ↔ 零点, 最高 ↔ 最低 등
（ⅲ）정도성을 지닌 단어와 단어의 대립 관계.
　　　大きい ↔ 小さい, 高い ↔ 低い, 暑い ↔ 寒い 등
（ⅳ）동일 대상을 다른 시점에서 본 대립 관계.
　　　売る ↔ 買う, 貸す ↔ 借りる, 行く ↔ 来る 등

(ⅴ) 서로 반대 방향으로 이동하는 단어와 단어의 대립 관계.

入る ↔ 出る, つく ↔ 離れる 등

(ⅵ) 대응하는 다른 편을 전제로 하여 성립된 관계.

夫 ↔ 妻, 親 ↔ 子, 先生 ↔ 生徒 등

보통 두 단어 사이의 대립 관계이지만 다음과 같이 세 단어, 네 단어가 관계하는 경우도 있다.

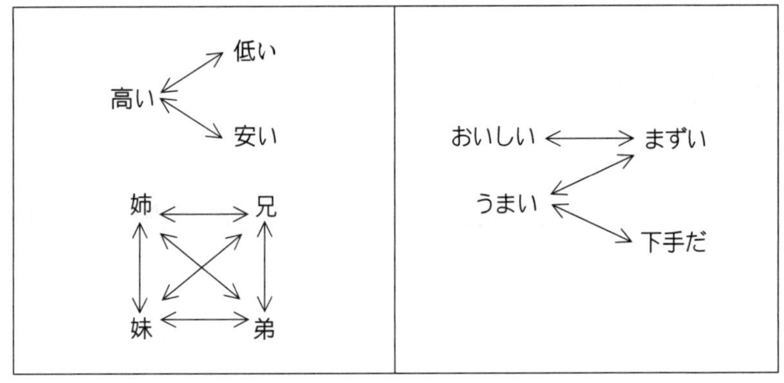

단어의 대립관계 예

「兄・弟・姉・妹」에서는 「兄 ↔ 弟, 姉 ↔ 妹」가 연령의 상하 대립이고, 「姉 ↔ 兄, 妹 ↔ 弟」는 성별의 대립이다. 「兄 ↔ 妹, 姉 ↔ 弟」는 반대어는 아니지만, 연령이 위인가 아래인가, 성별이 남성인가 여성인가의 두 가지를 합하면 대립하는 것이 된다.

그런데, 「お母さん」의 반대어는 「お父さん」이지 「おやじ」는 아니다. 반대어는 보통 어종이나 문체적 특징 등 동질의 말이 쌍으로 되어 있을 것을 조건으로 한다.

대립하는 점이 분명치는 않지만, 한 쌍으로 사용되는 단어군이 있다. 「海・山」, 「梅・うぐいす」, 「白」과 「赤」 또는 「黒」, 「グー・チョキ・パー(가위・바위・보)」 등, 이들을 대어(対語)라 하는 경우가 있다. 또한, 요일이나 12간지, 「春・夏・秋・冬」 등은 순환구조라 하고, 회사 등의 직명이나 「優・良・可・不可」 등 유한개의 항목이 정해진 순서로 하나의 계열을 이루고 있는 것은 계열관계에 있다고 한다.

의미변화

유명한 광고 카피에 「おいしい生活」라는 것이 있었는데, 무언가 의미는 알 수 있을 것 같지만 좀 귀에 거슬리는 표현이다. 「耳ざわりのいい昔」라는 표현도 있다. 「みみざわり」는 「耳障り」라고 쓰는 것처럼 본래 '들어서 불쾌하게 느낀다든지 시끄럽게 생각되든지 하는 것'인데, 「耳ざわりがいい」라는 것은 무슨 뜻인가? 소형 국어사전에는 「耳障り」의 앞에 「耳触り」가 표제어로 실려 있는데, '본래 「耳障り」의 의미이지만 「手触り, 膚ざわり」 등의 유추에서 이 말이 나왔다'고 보충 설명이 되어 있다. 이렇게 단어의 의미는 변화해 가는 경우가 많이 있다.

단어의 의미변화라고 하는 것은, 시대의 흐름과 더불어 본래의 의미에서 다른 의미로 변화하는 것을 말한다. 자주 예로 들고 있는 것

으로 헤이안시대의 「うつくし」가 있다. 헤이안 시대의 「うつくし」
는 현재의 '어떤 것의 색이나 형태, 또는 음색 등이 좋은 느낌이다'라
는 의미는 아니다. 헤이안시대의 의미는 '귀엽다, 사랑스럽다'라는 의
미로 헤이안시대 후기 이후에 '아름답다, 예쁘다'라는 의미로 변화했
다고 보여진다.

단어의 의미는 시대와 더불어 증식하는 경향이 있다. 그것은 인간
이 마음 내키는 대로 의미를 확대한다든지, 축소한다든지, 인접어로
전이시킨다든지 하기 때문이다.

다음에 의미 변화의 일반적 경향에 대하여 살펴본다.

일반화(확대)

단어의 본래의 의미(원의)가 넓어지는 경우와 좁아지는 경우가 있
는데, 넓어지는 경우를 일반화라 한다. 예를 들면 「瀬戸物」는 원래
'아이치현 세토(瀬戸)시 및 그 부근에서 생산되는 도자기'라는 의미였
는데, 현재는 널리 '도자기의 총칭'으로 사용된다. 이것은 일반화의
예인데, 이 밖에도 다음과 같은 예가 있다.

坊主 : 승방의 주인 → 승려
普請 : 불교에서 세인의 협력을 구하여 많은 사람이 힘을 합하
　　　여 당탑을 건축, 수리하는 일 → 토목, 건축 등의 공사

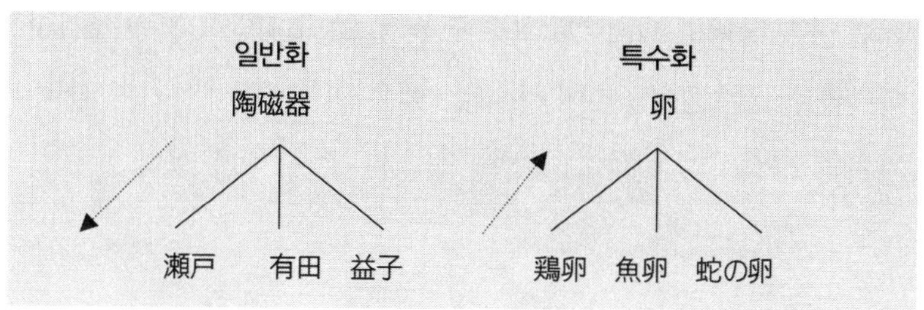

일반화와 특수화

특수화(축소)

단어의 원래의 의미가 좁아지는 경우를 특수화라고 한다. 특수화의 예로서는 「さかな」를 들 수 있다. 「さかな」의 「さか」는 「酒」이고 「な」는 「菜(=おかず)」(반찬)의 의미로 술을 마실 때 안주로 생선을 사용하는 경우가 많았으므로, 식용으로 하는 물고기 또는 어류의 총칭이 되었다. 그 밖에 다음과 같은 예가 있다.

鳥 : 조류 → 닭, 닭고기
卵 : 계란, 어란, 뱀알 등 → 계란

가치의 상승

단어의 의미변화에는 원래의 의미보다 좋게 된다든지 나쁘게 되는 경우가 있다. 예를 들면, 「天気」라는 말은 원래 '갬·흐림·비'처럼 기상상태를 의미하는 말이었는데, 「明日天気だったら行こう」에서

처럼 좋은 날씨의 의미로도 쓰이게 되었다. 이와 같이 본래 중립적인 의미였던 것이 좋은 의미로서, 혹은 좋은 의미만을 가리키게 된 것을 가치의 상승이라 한다. 그 밖에 다음과 같은 예가 있다.

かみ : 높은 곳 → 천황 · 정부관청 · 우두머리
未亡人 : 겸양의 자칭사 → 홀어미, 과부 등에 비해 경의가 담겨
        있는 명칭

가치의 하락

단어의 원래의 의미보다 나쁜 의미로 되는 것을 가치의 하락이라고 한다. 이인칭대명사 「おまえ」는 「御前」이라는 한자를 보아도 알 수 있듯이 원래는 동등 이상의 상대에 대한 존경어였는데, 현재에는 '동등 또는 손아래 상대를 거칠게, 또는 친애의 정을 담고 부르는 말'로 된 하락의 예이다. 그 밖의 예는 다음과 같다.

女房 : 궁중에서 봉사하는 신분이 높은 여관 → 처
貴様 : 남성의 상대에 대한 경칭 → 동년배 또는 손아래 남성에
        대한 거친 호칭

추상화

추상화라는 것은 단어의 의미를 형성하고 있는 의미 특징의 일부

또는 전부가 구체적 의미에서 추상적인 것으로 변화한 것을 말하며, 추상화된 의미와 원래의 의미 양쪽이 다 남아있는 경우가 있는가 하면 원래의 의미 쪽이 없어져 버리는 경우도 있다.

예를 들면, 식물의 「花(꽃)」이 한창 필 때를 초점화하여 추상화하면 「職場の花(직장의 꽃)」이라는 표현이 생기고, 자연물로서의 「山(산)」이 갖는 정상이라는 의미 특징이 추상화하면 「事件の山に達した(사건의 고비에 달했다)」라는 표현도 가능하다. 또한, 「山」이 지닌 광산이라는 의미가 추상화하여 만일의 행운이나 성공을 노린 예상이라는 의미로 변하면, 「山をかける(요행수를 바라다)」같은 표현이 생기게 된다. 이러한 종류의 의미변화 예는 극히 많다.

手 : 신체의 손 → 手を切る (관계를 끊다)
道 : 도로 → 人の道にそむく (사람의 도리에 반하다)

위와 같은 경향 외에도, 「遠い昔(먼 옛날)」처럼 공간적인 의미의 단어가 시간적인 의미를 띠게 되는 「시간화」, 「腹が太い(배짱이 두둑하다)」처럼 공간적인 의미의 단어가 혈연관계·심리관계의 의미를 띠게 되는 「심리화」 등의 경향도 있다.

이러한 의미의 변화는 두 가지 이상이 겹쳐서 일어나는 경우가 많다.

술을 차가운 것으로 주문할 때는 일본어로 "ひやでください"라고 하는데,
이때 ひや와 おひや를 혼동하지 않도록 해야 한다. ひや는 '차가운 일본주(日
本酒)'이고 おひや는 '냉수'이기 때문이다.

おひや는 '冷や水'의 단축형에 'お'가 붙어서 된 뇨보코토바(女房詞, 궁중여성
어)이다. 뇨보코도바는 원래 궁중여성 사이의 좁은 범위에서 쓰여지던 말이
었는데, 그 우아함 때문인지 귀족에서 장군가나 무가(武家), 더 나아가 근세
에는 상가(商家) 등의 일반 여성에게로 보급되었다. 그 중에는 남성들도 사용
하게 되어 일반어가 된 것도 있다.

이 뇨보코토바에는 독특한 조어법이 있다. おでん(田楽), おひや(冷や水)처럼
원래 말의 2박의 단축형에 접두사 'お'를 붙이거나, 'しゃもじ(杓子의 しゃ+
もじ), かもじ(髪의 か+もじ), すもじ(寿司의 す+もじ)'와 같이 원래의 말 어두
1박에 '-もじ'를 붙이는 것이다. 이들 어휘 중에는 おでん(꼬치), おかず(반찬),
おひや(냉수), しゃもじ(국자, 주걱)와 같이 일반 통용어가 된 것도 있다.

秋元美晴(2002)、よくわかる語彙、アルク

国語学会編(1980)、国語学大辞典、東京堂出版

国立国語研究所(1984)、語彙の研究と教育(上)、大蔵省印刷局

佐藤喜代治(1982)、講座日本語の語彙、明治書院

玉村文郎(1990)、日本語と日本語教育6 日本語の語彙・意味(上)、明治書院

玉村文郎(1992)、日本語学を学ぶ人のために、世界思想社

徳川宗賢・宮島達夫(1972)、類義語辞典、東京堂出版

三浦昭・MaGloin花岡直美(1988)、外国人のための日本語例文・問題シリーズ
13 語彙、荒竹出版

森田良行・村木新次郎・相沢正夫(1989)、ケーススタディ日本語の語彙、桜
楓社

森田良行(1989)、基礎日本語辞典、角川書店

森田良行(1991)、語彙とその意味、アルク

5장
일본어의 문법

현 대 / 일 본 어 학 / 입 문

사람이 머릿속에 있는 생각을 표현하는 데는 다양한 방법이 있지만
완벽한 사고 전달은 언어로 된 문을 통해서만 가능하다. 그러면 이
문은 어떤 요소로 이루어져 있으며 어떠한 규칙이 있는가.
이 장에서는 문의 본질적인 성격에서부터 구성요소인 문법 요소의
특징들을 살펴보도록 한다.

문법에 대한 기본 지식

문법이란?

  사람이 동물과 다른 대표적인 특징 중의 하나가 언어를 사용한다는 것이다. 물론 동물학자들은 동물들도 울음소리로 의사소통을 한다고 하지만 이는 복잡한 인간의 언어에 비할 게 아니다. 인간의 언어는 몇몇 요소로 무한에 가까운 사항을 정확하게 표현할 수 있다.

  인간은 언어로 일정한 문맥을 지닌 하나의 완성된 내용을 표현하는데, 이것을 흔히 「문」이라고 한다. 인간이 서로 복잡 다양한 내용의 의사 소통을 할 수 있는 것은 하나의 문이 몇 가지 요소로 나뉘어 짜 맞추어져 있기 때문이다. 「나는 물을 마신다」는 행동을 말로 표현하기 위해서는 「나」「는」「물」「을」「마신다」라는 다섯 개의 구성 요소가 필요하고 이것들을 잘 배열해야 한다. 그런데 「나」를 「철수」나 「영희」로 바꾸거나 「물」을 「커피」나 「우유」로, 「마신다」를 「마셨다」로 바꾸어 배열해 보면 이 10가지 요소를 바꾸어 사용하는 것만으로도 각각 다른 내용의 18가지 문을 만들 수 있다.

  문은 이렇게 몇 가지 요소로 구성되어 있지만 문을 구성하는 이들 요소를 「마신다 는 을 나 물」처럼 아무렇게나 배열해서는 문이 되지 않는다. 사람이 문을 구성할 때는 무의식적으로 문의 구성 요소를 규칙에 따라 배열하는데 이러한 문의 구조와 성립에 관한 규칙 체계를 문법이라고 한다.

한 언어의 문법은 그 언어에 의한 언어활동 자체에 담겨 있는 것으로 살아 움직이므로, 특정 언어의 문법을 알기 위해서는 그 언어를 쓰는 사람들의 표현에 주목하고 여러 가지 사용법을 관찰, 정리하여 법칙성을 찾아야만 한다. 우리가 여기서 일본어 문법으로 배우는 지식은 그렇게 하여 찾아낸 법칙을 이론적으로 정리한 것이다.

문의 성분과 단어

우리가 언어로 생각을 표현하고 다른 사람에게 정보를 전달하는 등의 언어활동을 할 때, 이것을 구성하는 단위는 문(文)이다. 문에는 눈앞에 펼쳐진 넓은 바다에 감격하여 「바다!」라고 외칠 때처럼 단어 하나만으로 구성되는 것도 있고,

몇 줄에 걸쳐 복잡하고 길게 이어지는 것도 있다. 실제로 일상생활에서는 전후 문맥 없이 하나의 문만이 사용되는 경우는 거의 없고 여러 문이 결합되어 문장이나 담화를 구성하는 것이 보통이다.

일본어의 문은 어떤 성분으로 어떻게 구성되어 있을까.

문을 직접 구성하며 필요한 의미나 기능을 지닌 것을 문의 성분이라 하는데, 문의 성분은 단어로 구성되며, 단어는 다시 자립하여 쓰일 수 있는 자립어와 그 자체로는 독립하지 못하고 항상 자립어 뒤에 붙어서 쓰이는 부속어로 나뉜다.

일본어의 품사 분류

문법 연구는 단어 연구와 문의 연구로 크게 나눌 수 있다. 먼저 단어에 대하여 알아보자.

단어를 연구할 때는 통상 그것이 지닌 문법적 역할의 차이에 따라 구별하는데 단어를 문법적 역할에 따라 그룹으로 나눈 것을 품사라고 한다. 품사를 분류하는 기준은 여러 가지가 있을 수 있지만, 일반적으로 잘 알려져 있는 학교 문법(学校文法)에서는 그 단어만으로 문절(文節)이 만들어지는지 여부에 따라 자립어와 부속어로 나눈다. 「자립어」는 그 자체만으로도 하나의 문의 성분이 될 수 있지만, 「부속어」는 그렇지 못하며 자립어에 부속되어야만 비로소 그 의미가 분명해진다. 자립어로는 동사, 형용사, 형용동사, 명사, 부사, 연체사, 접속사, 감동사의 8종류가 있고, 부속어로는 조사와 조동사 2종류가 있다.

단어를 어형 변화 면에서 보면 어형이 변하는 것과 변하지 않는 것이 있는데, 형태가 변하는 것을 「활용」이라고 하고 활용하는 단어를 「활용어(용언)」, 활용하지 않는 단어를 「비활용어」라 한다. 그리고 활용어가 활용할 경우에 변하는 부분을 「(활용)어미」라 하고 변하지 않는 부분을 「어간」이라고 한다.

자립어와 부속어를 활용 여부에 따라 구분하면 다음의 표와 같다.

단어	자립어	활용어	동사, 형용사, 형용동사
		비활용어	명사, 부사, 연체사, 접속사, 감동사
	부속어	활용어	조동사
		비활용어	조사

활용하는 자립어

문 안에서 단어의 형태가 바뀌는 것을 활용이라고 하며 활용하는
단어에는 동사, 형용사, 형용동사가 있다. 이들 단어의 특징에 대해
공부하기 전에 먼저 활용에 대해 알아보자.

활용이란?

   a. 太郎はあまり手紙を<u>書かない</u>。
   b. 太郎はよく手紙を<u>書く</u>。
   c. 太郎が論文を書けば、私も<u>書きます</u>。

위의 예문을 보면 각 문의 밑줄 친 부분에는 공통되는 부분과 그렇
지 않은 부분이 있다. 먼저, 공통되는 「書く」라는 단어가 지닌 의미
는 「사람이 종이 따위에 문자를 기록한다」는 것으로 이 의미는 예문
a~c의 각 밑줄 친 부분에 담겨있다. 이렇게 어형이 변하여도 유지되
는, 그 단어가 지닌 기본적인 의미를 어휘적 의미라고 한다.

한편 a의 「書かない」는 「쓰지 않는다」는 의미로 b・c와는 '긍정'

과 '부정'이라는 점에서 다르다. 부정의 의미는 「書かない」에 한하지 않고 「食べない / おもしろくない / きれいではない / 学生ではない」 처럼 「ない」를 포함한 다른 술어에도 공통된다. 이렇게 본래의 어휘적 의미와는 별도로 술어가 문 안에서 나타내는 의미를 문법적 의미라고 한다. 일본어의 술어는 문 안에서 사용될 때 문법적 의미를 나타내기 위하여 예문 a∼c처럼 어형이 바뀌며, 이러한 어형변화를 활용이라고 한다.

・동사활용

동사의 활용은 크게 규칙변화와 불규칙변화로 나뉘고 규칙변화는 다시 5단 활용과 1단 활용으로 나뉜다.

5단 활용이란 「書く : 書かない(kak+anai) / 書きます(kak+imasu) / 書く人(kak+u 명사) / 書けば(kak+eba) / 書こう(kak+ou)」에서처럼 「자음+u」의 형태로 어간이 자음으로 끝나고, 활용어미가 모음으로 시작하여 「a・i・u・e・o」의 다섯 종류의 모음으로 활용하는 것이다.

1단 활용이란 「見る : 見ない(mi+nai) / 見ます(mi+masu)/ 見る人 (mi+ru 명사) / 見れば(mi+reba) / 見よう(mi+you)」 또는 「食べる : 食べない(tabe+nai) / 食べます(tabe+masu) / 食べる人(tabe+ru 명사) / 食べれば(tabe+reba) / 食べよう(tabe+you)」에서처럼 「-i+ru」나 「-e+ru」의 형태로 어간에 모음이 포함되어 있어 i 나 e 중 어느 한 쪽으로 고정되어 활용하는 것을 말한다.

불규칙 활용 동사로는 「来る」와 「する」가 있다.

· 형용사와 형용동사의 활용

 형용사와 형용동사는 동사와는 문법 카테고리가 달라 '수동(受身), 사역(使役), 의지형, 명령형'이 없으므로 동사보다 활용형태가 적은데, 형용사의 활용은 형용동사보다 복잡하다. 정중함을 나타낼 때의 「기본형 + です」표현은 형용동사도 형용사도 문법적으로 바른 표현이지만, 「－でした / －ではありません / －ではありませんでした」의 형태는 형용동사에서만 쓰인다.

〈동사〉

 동사는 활용하는 단어로 단독으로 술어가 된다. 동사의 대부분은 동작이나 작용의 의미를 나타내는데, 「ある, いる, ちがう, できる」와 같이 상태를 의미하는 것도 있다.

 동사를 분류하는 방법에는 어미의 형태와 활용의 차이에 의한 방법도 있고, 자동사와 타동사, 의지동사와 무의지동사, 계속동사와 순간동사, 상태동사로 나눌 수도 있다.

자동사와 타동사

 동사는 타동성의 유무에 따라 자동사와 타동사로 분류되는데, 자동사는 보충성분으로서 '를격 명사'를 요구하지 않는 동사이며, 타동사는 '를격 명사'를 요구하는 동사이다. 구체적으로는 「ミルクを<u>温める</u> / 扉を<u>閉めます</u>」처럼 대상의 변화를 일으키는 작용을 의미하는 것이 전형적인 타동사이고, 「ミルクが温まる / 扉が閉まります」처럼 타자(他者)에 어떤 작용을 미치지 않는 동사를 자동사라 한다.

그러나 외형상으로는 같은 '를격명사'라 하더라도 「公園を歩く(범위)」「家を出る(이탈)」「トンネルを通る(통과점)」 등 동작의 대상이 아닌 '장소의 를격명사'를 취하는 동사(移動動詞)는 보통 자동사로 취급한다.

'를격명사'를 취하는 이동동사의 예는 다음과 같다.

[를격 명사를 취하는 이동동사]

범위의 를격명사 +	登る, 降りる, 歩く, 走る, 曲がる, 飛ぶ
이탈점의 를격명사 +	卒業する, 出る, 降りる, 去る
통과점의 를격명사 +	通る, 抜ける, 渡る, 越える

자동사와 타동사 중에는 다음 표와 같이 어근의 일부를 공유하면서 대응관계를 이루고 있는 경우가 있다.

어근을 공유하는 자동사와 타동사의 예

동사형			자동사	타동사
-iru	→	-asu	いきる	いかす
-u	→	-eru	たつ	たてる
-eru	→	-asu	でる	だす
-ru	→	-su	起こる	起こす
-aru	→	-u	つかまる	つかむ
		-eru	はじまる	はじめる
-ru	→	-seru	似る	似せる
-eru	→	-ru	見える	見る
-areru	→	-u	生まれる	生む

그 외의 동사 분류 방법

동사는 사람의 의지적인 동작을 나타낼 수 있는 의지동사와 그렇지 않은 무의지동사로도 분류된다. 의지동사는 명령이나 권유, 의지, 의뢰, 희망, 충고 등의 표현이 가능하다.

> 의지동사 : 書く, 読む, 走る, 行く, 見る, 聞く, 努力する, 乗る 등
>
> 무의지동사 : 読める, できる, 見える, ある, びっくりする 등

이 외에도 「-ている」형태를 만들 수 있는지 여부에 따라 계속동사와 순간동사, 상태동사로 나뉜다. 계속동사와 순간동사는 「-ている」형태를 만들 수 있는 데, 계속동사는 「-ている」형태로 만들었을 때 동작이나 작용이 진행 중인 것을 나타내는 동사이고, 순간동사는 「-ている」형태를 만들었을 때 결과의 상태를 나타내는 동사로, 이들은 다음과 같이 동작이 완료되는 시점과의 관계에서 차이가 있다.

> 雨が降っている。(계속 상태)
>
> コップが割れている。(결과 상태)

한편 상태동사는 「ある, いる, 要る, できる」와 같은 존재나 가능 등을 나타내는 동사로, 「-ている」형태로 만들 수 없다.

동사의 분류에는 이외에도 보조동사나 수수(授受)동사, 상호동사

등이 있다.

복합동사

복합동사란 「歩きまわる(歩く+まわる)」, 「読み終わる(読む+終わ
る)」처럼 두 개 이상의 동사가 결합하여 만들어진 동사를 말한다.
복합동사는 뒤에 오는 동사의 기능에 따라 상(aspect)을 나타내는 경
우, 방향을 나타내는 경우, 동작의 방법을 나타내는 경우, 대상관계
(격)를 교체하는 경우, 강조하는 경우, 동작과 그 결과를 나타내는
경우로 분류할 수 있다.

- 상(aspect)을 나타내는 경우
  동작의 시작─食べはじめる, 笑いだす, 読みかける 등
  동작의 계속─歩きつづける, 降りつづく 등
  동작의 종결─数えきる, 書きあげる, 話しおえる, できあが
              る 등
- 방향을 나타내는 경우
  위로 향한 동작─打ちあげる, 飛びあがる, 舞いあがる 등
  아래로 향한 동작─積みおろす, 打ちおとす, 舞いおりる, 流
                  れおちる 등
  밖으로 향한 동작─流れだす, あふれでる 등
  안으로 향한 동작─閉じこめる, 取りいれる, さしこむ 등
- 동작의 방법을 나타내는 경우

書きなおす, 見なれる, 乗りかえる, 読みあさる 등
· 대상관계(격)를 교체하는 경우
　助けあう, 話しかける, 張りつける, 結びつく 등
· 강조하는 경우
　考え(思い)こむ, 食べすぎる, 痛めつける 등
· 동작과 그 결과를 나타내는 경우
　読みとる, 打ちころす, なぐりたおす 등

또, 형식동사라 불리는「する」는「散歩, 練習, パス」등과 같이 동사적인 의미를 지닌 명사 뒤에 접속하여「散歩する, 練習する, パスする」처럼 동사로 실현되도록 하는 요소로서 중요한 역할을 담당하고 있다.

〈형용사〉

형용사는 사물의 성질이나 상태를 나타내는 단어로 단독으로 술어가 될 수 있고 활용을 한다. 형용사에는「冷たい, 大きい, 明るい, 優しい」처럼 사람이나 물건의 속성(성질, 특징)을 나타내는 속성형용사와「恥ずかしい, 苦しい, なつかしい」처럼 사람의 감정이나 감각을 나타내는 감정형용사가 있다.

평서문에서 감정형용사가 술어로 쓰이는 경우는 보통 화자의 감정을 나타내며 의문문에서는 상대방의 감정으로 제한되는데, 3인칭 주체의 감정을 나타내는 경우에는「-がる」를 붙여서 동사화한다.

○　あの人は悲しがっています。〈3인칭 주체〉

×　あの人は悲しいです。

〈형용동사〉

형용동사는 형용사처럼 역시 사물의 성질이나 상태를 나타내는 것인데, 활용 방법은 다르므로 독립된 품사로 본다. 그러나 명사적 특징과 형용사의 특징을 모두 지니고 있어 형용사로 분류하기도 한다. 형용동사를 형용사와 같은 품사로 다루는 경우는 연체형(連体形 : 명사 앞에 위치할 때의 접속형태)의 차이에 주목하여 형용사를 「イ형용사」, 형용동사를 「ナ형용사」라 부른다.

형용동사의 기본형은 「にぎやかだ, 元気だ, 活発だ」 등과 같이 「-だ」로 끝나며 단독으로도 술어가 되며 활용을 한다. 또한, 한자나 「ファッショナブル, スマート」같은 외래어를 일본어와 같이 쓸 때도 활용어미를 붙여서 형용동사로 사용한다. 이 점은 동사에서 「育成する, シュートする」 등과 같다.

활용하지 않는 자립어

활용하지 않는 자립어에는 명사, 부사, 연체사, 접속사, 감동사가 있다.

〈명사〉

　명사는 사물의 명칭을 나타내는 것으로 형식명사, 대명사, 수사 등으로 분류된다.

형식명사

　형식명사는 실질적인 의미가 희박하고 주어가 되지 않으며 단독으로는 거의 쓰이지 않고 대개는 「-する<u>もの</u>」「-した<u>こと</u>」 등과 같이 앞에 연체 수식어가 붙는다. 「<u>もの</u>だ」「<u>こと</u>だ」 등과 같이 「-だ」의 형태의 술어로 쓰이기도 하고, 「私はサーフィンをした<u>こと</u>がない」 「大雪の<u>せい</u>で列車が遅れている」 등처럼 문의 여러 성분 안에서 사용된다. 이러한 형식명사에는 「もの, こと, わけ, はず」 등이 있다.

대명사

　대명사는 지시하는 것에 따라 사람을 지칭하는 인칭대명사와 현장이나 문맥에서의 물건이나 동물, 장소, 방향, 사람, 방법을 나타내는 지시대명사로 나뉜다. 이 중, 지시대명사는 コ・ソ・ア・ド의 체계를 갖추고 있으며 지시사(指示詞)라는 독립된 품사로 취급하는 경우도 있다. 이것을 지시 대상의 종류별로 나누어보면 다음과 같다.

인칭대상의 종류에 따른 인칭대명사의 예

1인칭 (自称)	2인칭 (対称)	3인칭(他称)			부정칭
		근칭	중칭	원칭	
わたし ぼく おれ	あなた きみ おまえ	この人 こいつ	その人 そいつ	あの人 あいつ かれ	どなた だれ

지시 대상의 종류에 따른 지시대명사의 예

계열	지시대상의 종류				방법, 양태
	물건, 동물	장소	방향	
こ	これ / こちら	ここ / こちら	こっち / こちら	こう
そ	それ / そちら	そこ / そちら	そっち / そちら	そう
あ	あれ / あちら	あそこ / あちら	あっち / あちら	ああ
ど	どれ / どちら	どこ / どちら	どっち / どちら	どう

수사

수사는 수량을 나타내는 명사로 수를 나타내는 「본수사」와 단위를 나타내는 「조수사」로 나누어진다.

조수사와 본수사의 예

본수사 조수사	1	2	3	4	5	6	
枚	いちまい 一枚	にまい 二枚	さんまい 三枚	よんまい 四枚	ごまい 五枚	ろくまい 六枚	なんまい 何枚
台	いちだい 一台	にだい 二台	さんだい 三台	よんだい 四台	ごだい 五台	ろくだい 六台	なんだい 何台
冊	いっさつ 一冊	にさつ 二冊	さんさつ 三冊	よんさつ 四冊	ごさつ 五冊	ろくさつ 六冊	なんさつ 何冊
本	いっぽん 一本	にほん 二本	さんぼん 三本	よんほん 四本	ごほん 五本	ろっぽん 六本	なんぼん 何本
足	いっそく 一足	にそく 二足	さんぞく 三足	よんそく 四足	ごそく 五足	ろくそく 六足	なんぞく 何足
匹	いっぴき 一匹	にひき 二匹	さんびき 三匹	よんひき 四匹	ごひき 五匹	ろっぴき 六匹	なんびき 何匹

· 음변화 규칙

본수사와 조수사가 결합할 때는 뒤에 접속하는 조수사의 발음의 영향으로 본수사에 음변화가 일어나는 경우가 있다. 조수사의 첫 음이 유성음으로 시작하는 경우에는 변화가 없고, k·s·h·t의 무성음으로 시작하는 조수사와 접속할 때는 본수사의 음에 변화가 생기며, h음으로 시작하는 조수사와 접속할 때는 본수사와 조수사 양쪽의 음이 변하기도 한다.

〈부사〉

부사는 용언이나 다른 부사, 문 전체 또는 체언을 수식한다. 체언을 수식하는 경우는 대개 수량, 방향, 거리를 나타내는 체언에 한한다. 수식하는 종류에 따라 동작이나 작용의 상태를 수식하는 정태부사, 정도를 수식하는 정도부사, 화자의 평가나 판단을 나타내는 진술부사 등으로 나뉜다.

- 정태부사 : 堂々と, 黙々と, こわごわ(と), ぐっすり(と), ゆっくり(と) 등
- 정도부사 : 大変, はなはだ, とても, ひどく, かなり, ちょっと, やや 등
- 진술부사 : ぜひ, けっして, たぶん, どうも, もし, どうして, まるで, きっと 등

〈연체사〉

연체사란 체언을 꾸미는 성분(연체수식성분)이 되는 단어를 말한다. 대체로 수식어 가운데 오로지 체언을 꾸미는 단어(연체수식어)로서 쓰는 것을 연체사라 하고, 용언을 꾸미는 단어(연용수식어)가 되는 것을 부사라 한다. 그러나 연체사는 연체수식어가 되는 하나의 품사에 불과하므로, 연체수식어가 모두 연체사는 아니다. 연체사의 예를 형태별로 들면 다음과 같다.

- の가 붙은 것 : この, その, あの, どの, ほんの 등
- -な가 붙은 것 : 小さな, おかしな 등 (단, こんな, そんな, あんな, どんな는 활용하므로 형용동사에 넣는다)
- た(だ)가 붙은 것 : 大した, とんだ 등
- 문어(文語)적인 것 : いわゆる, あらゆる, わが, きたる 등

이 연체사는 원래 다른 품사로부터 전성된 것이다. 「この, その, あの」 등은 예전에 「こ+の, そ+の, あ+の」로 분석되었지만, 지금은 「こ, そ, あ」가 독립적으로 쓰이지 않고 한결같이 の가 붙고 다른 것은 연결되지 않으므로 하나의 단어로 처리한다.

〈접속사〉

접속사란 문과 문을 연결하는 것으로 병렬이나 첨가의 뜻을 나타내는 것, 선택을 나타내는 것, 당연한 결과를 나타내는 것(순접), 당연한 결과가 아님을 나타내는 것(역접) 등이 있다. 접속사를 접속 유형

에 따라 나누면 다음과 같다.

    병렬 : および, 並びに, また 등

    첨가 : なお, それに, そうして 등

    선택 : または, あるいは 등

    결과 : それで, では, そこで, だから 등

    역접 : しかし, でも 등

    전환 : さて, ところで 등

〈감동사〉

감동사는 감탄사 또는 간투사라고도 하는데, 감동사는 비분석적인 던어이므로 그것만으로 문을 이룰 수 있다. 감동사는 그 의미에 따라서 감동을 나타내는 것(ああ, ひゃあ, おや), 상대를 부르거나 주의 환기를 나타내는 것(おい, さ, もしもし, ねえ, あの), 응답을 나타내는 것(いいえ, はい, そう) 등으로 나눌 수 있다.

· 단독으로 독립어가 되는 예

  A : 入試に合格しました!

  B : <u>ほう</u>、それはよかったね。

· 단독으로 문이 되는 예

  A : 君は佐藤君でしたね。

  B : <u>はい</u>。

〈조사〉

조사는 명사에 접속하여 주제나 보충어를 만들기도 하고, 명사와 명사, 절과 절을 연결하기도 한다. 조사의 전형적인 접속과 기능 및 명칭은 다음과 같다.

조사의 분류

접속 위치 또는 기능		명칭	조사의 예
명사 뒤에 위치		격조사	が, を, に, から, と, で, へ, まで, より
명사 등의 뒤에 위치		특수조사	は, も, だって, こそ, さえ, すら, でも, しか, だけ, のみ, ばかり, まで, くらい, など, なんか
명사 대신 쓰임		준체조사	の
연결	단어와 단어	병렬조사	と, か, とか, や, も, に
	절과 절	접속조사	が, から, けれども, ので, のに, と, たら, ながら, つつ
문절의 끝에 위치		간투조사	ね, さ, よ
문말에 위치		종조사	か, な, わ, ぞ, ぜ

격조사란 명사에 접속하여 술어의 보충성분을 구성하는 것이다. 위의 표에서는 격조사의 예로 「が, を, に, から, と, で, へ, まで, より」 등을 들고 있으나 이외에도 격조사와 격조사가 더해진 형태의 복합격조사 「での, との, への, からの, までの」 등도 있다.

특수조사란 「도리다테조사(とりたて助詞)」라고도 하며, 「山田さんだけが欠席です」「遊んでばかりいないで、少しは手伝え」「一日で

三十冊<u>も</u>売れた」와 같이, 대상이 되는 요소를 같은 종류 안에서 어떤 항목을 특별히 내세워 문제시하는 조사이다.

특수 조사 중에서도 조사 「は」는 주제를 나타내는 조사이기도 한데, 주제는 해설부분 전체와 관계하고 문말까지 연결되므로 계조사(係助詞)라고도 한다.

「料理をする<u>の</u>は得意だ」처럼 체언에 준하는 문구를 만들어 형식 명사라고도 부르는 것이 준체조사이고, 「コロッケ<u>や</u>トンカツを売る店」「塩<u>と</u>砂糖を少々」처럼 대등한 관계로 연결하는 것이 병렬조사이다.

접속조사는 활용하는 단어에 붙어 전후의 문 또는 문절을 접속시키는 조사이다. 「が, から, けれども, ので, のに, と, たら, ながら, つつ」 등이 여기에 속하게 된다. 접속조사는 「夏は涼しい<u>が</u>、冬は暖かい。」(접속조사), 「夏は涼しい。<u>が</u>、冬は暖かい。」(접속사)와 같이, 접속사와 기능이 같기 때문에 이 두 품사를 「접속 표현」으로 일괄하여 취급하는 경우도 있다.

종조사란, 「雨が降ってきた<u>ぞ</u>」와 같이 문의 끝 부분에 사용되는 조사로 커뮤니케이션에 있어서 화자의 기분을 나타낸다. 「ね」「さ」「よ」는 문말에서 뿐만이 아니라, 문의 도중에서도 사용되므로 간투조사로 분류되기도 한다.

이 외의 분류로서 명사와 명사를 이어주는 역할을 지닌 연체조사인 「の」가 있다. 이들은 하나의 문 안에서 복수로 연결해서 쓰는 경우도 많다.

「は」와 「が」의 구별(주제격과 주격)

일반적으로 「は」와 「が」는 격조사로 주어를 나타낸다고 알고 있다. 그러면 「は」와 「が」가 같이 쓰인 문에서는 어느 것이 주어일까? 아래 예문을 보며 생각해 보자.

    a. 象は鼻が長い。
    b. サラダは私が作りました。

주체를 나타내는 말 뒤에는 「は」 또는 「が」를 쓰는데, 위의 예문 a에서는 「鼻(코)」가 「長い(길다)」에 대한 주체인 한편, 「象(코끼리)」는 주제이고, 「鼻が長い」라는 술부에 대한 주체(=주격)이기도 하므로, 이러한 문은 이중주격구문(二重主格構文)이라고 불린다. 그러나 b와 같은 문이 되면 어느 것이 주어인지 파악하는 것이 간단하지 않다.

또 「は」와 「が」는 서로 바뀌어 쓰일 수 있을까? 다음 예문의 「は」를 「が」로 바꾸어 그 용법에 대해 생각해 보자.

    c. 私は携帯を持っていません。
    d. 携帯は電源を切ってください。

위의 예문 c의 「私は」는 「私が」로 바꿀 수 있지만, d의 「携帯は」는 「携帯が」로 바꾸어 쓸 수 없다. 이는 조사 「は」와 「が」의 쓰임이 다르기 때문이다.

「は」는 뒤에 이어지는 설명 부분의 대상을 나타내는 조사로, 주제 또는 제목, 대비나 대조 등을 나타내며 「が」는 주어나 주격, 대상, 관찰할 수 있는 동작・상태의 서술, 초점 등을 나타낸다.

조건 가정(と / ば / たら / なら의 용법)

일본어에서 조건 가정을 나타내는 조사는 「と / ば / たら / なら」 네 가지가 있다. 이 네 가지 조사의 조건 가정 표현은 각각 미묘한 차이가 있는데 그 전형적인 용법을 정리해 보면 다음과 같다.

[と / ば / たら / なら]의 전형적인 용법

조사	용 법	예 문
と	불변의 원리(도리)	人間は年をとると、体力が衰える。
	길의 순서	あの角を右に曲がると、駅が出る。
ば	논리적인 조건	地図を見れば、場所が分かる。
たら	성취를 전제로 한 조건	仕事が終わったら、連絡します。
なら	상대의 말을 전제로 한 조건	A：頭が痛いんです。 B：頭が痛いなら、薬を飲んだほうがいいですよ。

이 외에도 「ば」「たら」는 문말 용법에 제한이 있어 조건 표현 뒤의 문말에는 의지, 희망, 명령, 의뢰, 금지, 충고, 권유 등을 나타내는 표현이 나타난다. 이 경우 가정 조사 바로 앞의 술어가 동작의 의미를 지닌 경우에는 「たら」가 쓰이고, 상태를 나타내는 경우에는 「ば」

와 「たら」가 쓰인다.

> 彼が<u>来たら</u>、一緒に<u>散歩しよう</u>。(권유)
> ものを売りに<u>来たら</u>、それを絶対に<u>買ってはいけません</u>。(금지)
> お金が<u>あれば(あったら)</u>、パソコンを<u>買ったほうがいい</u>。(충고)

「たら」는 과거·완료의 「た」의 활용형이므로 그 일이 완료(성취)되었다는 가정 하에 쓰인다. 따라서 시간적으로 「たら」 앞의 일과 뒤의 일 사이의 시간적 전후관계가 성립하지만 이에 반해서 「なら」에는 이러한 시간적 전후 관계가 없으므로 앞의 일을 먼저 하거나 나중에 하거나 어느 전제조건에서도 쓰일 수 있다.

> a. あなたが行く<u>なら</u>、私も後で行きます。
> b. あなたが後で行く<u>なら</u>、私は先に行きます。

따라서 위의 예문 a의 「なら」를 「たら」로 바꾸어 「あなたが<u>行ったら</u>、私も後で行きます」라고 표현하는 것은 가능하지만, 예문의 b를 「あなたが後で<u>行ったら</u>、私は先に行きます」로 바꾸면 비문이 된다.

이 외에도 가정 조사에는 '기정 조건, 발견, 과거의 습관, 반실가상(反実仮想)'의 용법이 있는데, 「と」에는 네 가지 용법 중 현실과 반대되는 가정의 「반실가상」 용법이 없으며, 「ば」에는 「기정조건」과 「발견」의 용법이 없다. 한편 「たら」에는 이 네 가지 용법이 모두 존재한다.

기정조건	コインを	入れると * 入れれば 入れたら	ハガキが出てきた。
발　　견	家に	帰ると * 帰れば 帰ったら	小包が届いていた。
과거의 습관	昔は夏休みに	なると なれば なったら	海でよく泳いだものだ。
반실가상	父が	* いると いれば いたら	母も幸せだっただろう。

「と / ば / たら / なら」의 **용법 비교 예문**

〈조동사〉

조동사는 술어에 접속하여 다양한 의미를 나타내는 단어로, 조동사의 분류방법에는 의미에 의한 분류, 접속에 의한 분류, 활용에 의한 분류가 있다. 이 조동사는 계층적으로 다루어져 문의 구조를 분석하는데 중요한 수단이 된다.

사역의 「せる・させる」, 수동・가능・자발・존경의 의미의 「れる・られる」와 부정의 「ない」, 희망의 「たい」, 과거・완료의 「た」 등은 문 구조 속에서 사건이나 사항을 객체적으로 표현하는 요소이다.

의지(추량)의 「う・よう」, 부정적 추측・의지의 「まい」, 전문(伝

聞)・양태(樣態)의「そうだ」, 추정(推定)의「らしい」 등은 사건이나 사태에 대한 판단이나 의향을 나타낼 때 사용되고, 주관적으로 표현하는 요소이다. 추량의「だろう」, 추정의「みたいだ」도 여기에 포함된다.

단정(지정)의「だ・です」는 다른 조동사와 달리, 명사와 결합하여 술어를 만드는 요소이므로 형식동사, 또는 판정사(判定詞)라고도 한다.

조동사를 의미에 의한 분류, 접속에 의한 분류, 활용에 의한 분류에 따라 소개하면 다음과 같다.

의미에 의한 분류

조동사의 종류, 접속형태		의　　　미	
らしい, みたいだ		추정	(-하는 것 같다, -하는 듯하다)
(の)ようだ			(-인 것 같다, -인 듯하다)
だろう, でしょう(정중)		추량(-할 것이다, -할 것입니다)	
(よ)う	무의지동사, 형용사		
	의지 동사	의지·권유(-하자)	
まい	2, 3인칭 주어 또는 무의지 동사	부정추량(-하지 않을 것이다)	
	1인칭 주어, 의지동사	부정의지(-하지 않겠다)	
そうだ	기본형, た형	전문(-라고 한다)	
	ます접속형, 형용사 어간	양태(-할 것 같다)	
ない, ぬ		부정(-〈하지〉않다)	
(さ)せる		사역(-하게 하다, -시키다)	
(ら)れる		수동(행위나 영향을 받다)	
		가능(-할 수 있다) 〈5단동사, する제외〉	
		자발(-하게 되다)	
		존경(-하시다)	
ます		정중(-합니다)	
たい, たがる		희망(-하고 싶다, -하고 싶어하다)	
た		과거·완료(-했다, -〈이〉었다)	

접속에 의한 분류

① 동사에 접속되는 경우

　기본형에 접속 : らしい, ようだ, みたいだ, そうだ(전문), だろう, まい

　미연형에 접속 : ない, (さ)せる, (ら)れる, (よ)う

연용형에 접속 : ます, たい・たがる, そうだ(양태), た
② 형용사에 접속되는 경우

기본형에 접속 : らしい, みたいだ, そうだ(전문), ようだ, です,
　　　　　　　　だろう

い탈락형 : そうだ(양태)

과거형(かっ) : た

③ 형용동사에 접속하는 경우

기본형(だ) : そうだ(전문)

だ탈락형 : らしい, みたいだ, そうだ(양태), だろう, でしょう

연체형(な형) : ようだ

과거형(だっ) : た

활용에 의한 분류

동사형 활용 : たがる, (ら)れる, (さ)せる

형용사형 활용 : たい, ない, らしい

형용동사형 활용 : そうだ, ようだ, みたいだ

특수 활용 : ます, た, ぬ(ん)

활용하지 않음 : (よ)う, まい, だろう, でしょう

문의 구조

보이스(態)

2002년도 한일 월드컵은 한국이 4강에까지 진출하면서 그 열기가 정말 뜨거웠다. "한국이 해냈다", "축구 강국들이 무너졌다" 등, 당시 축구 중계를 하던 언론에서는 한국이 선전을 하자 다양한 표현으로 기쁨을 나타냈다.

"한국이 해냈다"나 "축구 강국들이 무너졌다"는 한국이 승리했다는 하나의 사건을 다른 단어를 써서 표현한 것이다. 그런데 같은 단어로 동일한 객관적 사실을 표현하는 경우라도 어느 쪽 입장에서 표현하는가에 따라서 느낌이 크게 달라진다. 다음 예를 보자.

韓国がサッカーの強国を抑えた。
サッカーの強国が韓国に<u>抑えられた</u>。

이렇게 동작의 주체가 동사로 나타나는 사건에 어떻게 관련되는가를 표현하는 문법형식을 문법용어로는 태(態, Voice)라고 한다.

일본어에서는 동사에 「(さ)せる」나 「(ら)れる」가 접속하여 보이스(Voice)를 나타내는데, 이 보이스에는 사역(使役), 수동(受身), 자발, 가능의 용법이 있다. 순서에 따라 이들 개념에 대해 살펴보자.

사역태(使役態)

수동태와 함께 대표적인 보이스 표현인 사역태는 동사에 「(さ)せる」가 접속한 형식을 말한다. 사역(使役)이란 대상에 대하여 동작이나 변화를 일으키는 것으로, 의미면에서나 형태면에서 타동사와 비슷하다.

사역태가 되는 것은 동작이나 변화를 의미하는 동사이므로 「ある」「要る」「読める」 등은 사역태가 될 수 없다. 아래의 예문처럼 타동사문 뿐만 아니라 자동사(상태동사 제외)문도 사역태를 만들 수 있다.

生徒が合唱の練習を始めた。
　→ 先生が生徒に合唱の練習を<u>始めさせた</u>。
ゼリーが固まった。
　→ 子供たちがゼリーを<u>固まらせた</u>。

사역태 표현은 경우에 따라서는 다음 예문처럼 수동태 표현에 접근하는 것도 있다.

a. 電車の中で子供をワーワー<u>泣かせて</u>しまった。
b. 電車の中で子供にワーワー<u>泣かれて</u>しまった。

예문 a는 「기차 안에서 아이를 엉엉 울리고 말았다」라는 의미이지만, 일부러 아이가 울도록 했다는 의미는 없으므로 「기차 안에서 아이가 엉엉 울어 난처했다」의 피해의 수동문과 비교하여 의미가 크게 다르지 않다.

하나의 자동사에 사역형과 타동사형이 같이 대응관계를 보이는 경우도 있다.

   a. 子供がバスから降りる。(자동사문)
   b. 先生が子供をバスから降ろした。(타동사문)
   c. 先生が子供をバスから降りさせた。(사역문)

타동사문과 사역문은 거의 같은 의미인데, 예문의 b는「선생님이(혼자서 내리기 어려워하는 아이를 안아서) 아이를 버스에서 내리게 하였다」는 의미이고, c의 사역문은「선생님이(안전을 확인하고 아이가 버스에서 내리는 것을 허락하여) 아이를 버스에서 내리게 하였다」는 의미가 된다.

그러나 타동사형과 사역형이 항상 가능한 것은 아니다.

   a. 旗が立つ。(자동사문)
   b. 太郎が旗を立てる。(타동사문)
   c. *太郎が旗を立たせる。(사역문)

예문 c의 사역문은 비문이 된다.

정리하면 사역문은「지시적 사역」의 의미를 나타내고, 타동사문은「조작적 사역」(물리적 수단에 의한 사역)의 의미를 나타낸다.

이러한 동사를 좀 더 소개하면 다음과 같다.

자동사와 사역형, 타동사형이 모두 쓰이는 동사 예

동사형	동 사 예				
자동사	立つ	入る	上がる	乗る	降りる
사역형	立たせる	入らせる	上がらせる	乗らせる	降りさせる
타동사형	立てる	入れる	上げる	乗せる	降ろす

수동태

수동태는 동사에 「(ら)れる」가 붙은 형식으로 타동사의 경우에는 이러한 수동태의 형성이 모두 가능하며, 영어와 달리 일본어는 자동사 중에도 수동태를 만들 수 있는 것이 있다.

母親が赤ちゃんを抱いている。
赤ちゃんが母親に<u>抱かれて</u>いる。

위의 예문은 「母親」와 「赤ちゃん」이 관련된 하나의 사항을 소재로 한 표현이다. 「母親」의 동작을 중심으로 하여 「母親が赤ちゃんを抱いている」라는 표현은 능동태이고, 「赤ちゃん」를 중심으로 하여 「赤ちゃんが母親に抱かれている」라고 표현한 것은 수동태이다.

수동문에는 직접 수동문과 간접 수동문, 그리고 양자의 중간적인 것으로 소유자 수동문이 있다.

직접 수동문이란 대응하는 능동문 안에 동작이나 사항을 받는 대상이 존재하는 수동문을 말한다. 위의 수동문 「赤ちゃんが母親に抱かれている」는 그 능동문인 「母親が赤ちゃんを抱いている」에 「赤

「ちゃん」이 포함되므로 직접수동문이다.

간접 수동문은 동작이나 사항을 받는 사람이 능동문 안에서 대상으로서는 나타나지 않는 수동문인데, 피해의 의미를 동반하므로 「피해의 수동(被害・迷惑の受身)」이라고도 한다.

私は幼いとき、母に<u>死なれた</u>。(母は私が幼いとき、死んだ。)
昨日赤ん坊に<u>泣かれて</u>、ぐっすり寝ることができなかった。
(昨日赤ん坊が泣いた。)

한국어로 직역하기 힘든 위의 예문은 괄호 안의 표현과 같은 내용이지만 「어릴 때 엄마가 돌아가셔서」「어제 아기가 울어서」 피해가 있었음을 드러내는 표현이다.

앞서 일본이에시는 자동사도 수동문을 만들 수 있다고 하였는데, 일본어에서 보이는 특징적인 자동사 수동문은 직접수동은 되지 못하고 모두 위의 이른바 「피해의 수동」에 해당한다. 자동사에 의한 수동문의 예를 더 들어보면 다음과 같다.

太郎が雨に<u>降られた</u>。
昨晩、遅く客に<u>来られた</u>。

소유자 수동문은 주체의 소유물이 동작이나 사항을 받는 쪽이 되는 수동문으로 다음과 같은 예가 있다.

昨日私は自転車を<u>盗</u>まれた。
私は名前を<u>呼ばれた</u>ので返事をした。

가능태와 자발태

가능태란 가능의 의미를 나타내는 것으로, 「泳げる」「読める」처럼 가능동사나 「食べられる」「起きられる」처럼 동사에 「られる」를 붙인 형태로 표현된다. 전자는 5단 활용 동사, 후자는 1단 활용 동사이다. 회화체에서는 1단 활용 동사도 가능동사화하는 경향이 있다. 가능태로 표현하면 「漢文を読む」는 「漢文が読める」가 되고, 동작의 대상은 ガ격으로 나타난다.

자발태란 감정이나 지각이 자연 발생적으로 생기는 것을 나타내는 것으로, 역시 동사에 「れる・られる」를 붙인 형태로 표현된다. 감정이나 지각의 대상은 ガ격으로 나타난다.

実施する時期が遅かったことが<u>悔</u>やまれる。
行く先が<u>案じられる</u>。

수수동사(授受動詞)

보이스(態)에는 주거나 받는 의미를 나타내는 수수표현(授受表現)도 포함된다. 일본어 문법에서는 주고 받음(授受)과 관련한 동사를 따로 수수동사라고 부르는데, 여기에는 「あげる, やる, くれる, もら

う, さしあげる, くださる, いただく」 등이 포함된다. 이들 수수동사
를 포함하는 수수표현은 일본어만의 특징적인 부분이 있어 학습하기
에 어려운 점이 있다.

　주어와 가까운 사람에게서 먼 사람에게 무언가를 전하는 경우에는
「あげる」를 사용한다. 반대로 먼 사람에게서 가까운 사람 쪽에 줄
때는「くれる」를 사용한다.

　　　私は田中くんにチョコレートを ｛○ あげた ／ × くれた｝。
　　　田中くんは私にチョコレートを ｛× あげた ／ ○ くれた｝。

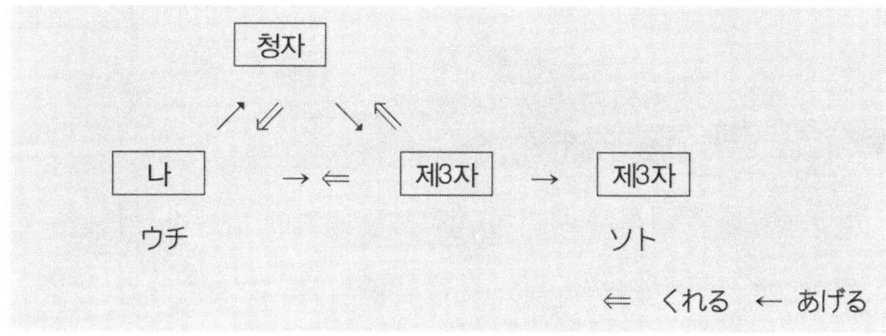

　제3자간의 수수 표현을 객관적으로 묘사하는 표현에서「あげる」
만 쓸 수 있다.「くれる」를 쓰면 ニ격으로 표현되는 사람이 말하는
사람과 가까운 사이라고 해석된다. 예를 들어 하시모토씨가 김씨에
게 꽃을 주었다는 말을 들은 내가 친구에게 이 사실을 아래의 예문처
럼 표현하여 전하였다고 해보자. 하시모토씨가 기무라씨에게 꽃을
준 것을 예문 a처럼「あげる」로 표현하면 나와 하시모토씨와 기무라

씨는 동등한 거리 간격을 유지한 사이라고 생각되지만, 예문 b처럼 「くれる」로 표현하면 나는 하시모토씨보다 기무라씨와 가까운 사이로 해석된다.

   a. 橋本さんが木村さんに花を<u>あげた</u>そうだよ。
   b. 橋本さんが木村さんに花を<u>くれた</u>そうだよ。

그리고 수수동사는 다음과 같이 동사가 겹쳐서 쓰이기도 한다.

私が君のために彼に書いて<u>もらってやる</u>。

아스펙트(相)

아스펙트란 동작이나 사건이 시작하는 단계에 있는지, 아니면 시작되어 계속되고 있는지 또는 끝난 단계인지, 그 움직임의 단계를 나타내는 문법형식을 말한다.

일본어의 대표적인 아스펙트 형식에는 「る」「た」「ている」「てある」「ておく」「ていく・てくる」「てしまう」「ます형+ はじめる/つづける/おわる」 등이 있다.

다음에 일본어 아스펙트 표현의 예를 들어본다.

의　미	형　태	예　문
시작 직전	기본형+ところだ	これから見に行くところだ。
시작함	― 始める, ― 出す	手紙を書き始める。
계속진행중	― つづける, ― ているところだ	何時間も走りつづける。
종결됨	― たばかりだ, ― たところだ	今起きたばかりだ。

　동작이 시작하는 모습을 나타내는 것에는 「かかる, かける, だす, はじめる」가 있고, 동작이 끝나는 모습을 나타내는 것에는 「おわる, つくす, きる, てしまう」 등이 있다.

言葉がのどから<u>出かかっている</u>。
兄は手紙を<u>読みおわった</u>。

「ている」와「てある」의 용법

　아스펙트 표현에서 중심적인 역할을 하는 것은 「ている」형이다. 동사의 의미에 따라서 「冷たい雨が降っている」「お父さんが肉を焼いている」처럼 동작이 계속되는 상태를 나타내거나 「ボタンが外れている」「コップが割れている」처럼 결과의 상태(종료 후의 단계)를 나타내거나 「似ている, そびえている」처럼 원래부터 상태를 나타내는 경우가 있다. 「ある」「いる」와 같은 존재를 나타내는 동사나 가능형과 같은 상태를 나타내는 동사의 「ている」형은 없다. 이것은 상태

동사가 아스펙트 대립을 갖지 않는다는 것을 의미한다.

「てある」는 타동사에 붙어서 변화된 결과의 상태를 나타낸다. 그리고 자동사인「순간동사 + ている」의 경우와 비교하면「てある」는 동작주를 암시하는 점에서 차이가 있다.

ドアが開いている(자동사 + ている) → 결과의 상태
ドアが開けてある(타동사 + てある) → 결과의 상태(동작주 암시)

텐스(時制)

일본어에는 텐스를 나타내는 형식에「書く」와「書いた」,「読む」와「読んだ」,「ある」와「あった」처럼 기본형(ル형)과 과거형(タ형)이 있다. 과거형은 이름에서 과거를 나타내는 것임을 알 수 있는데, 그럼 기본형은 어떤 시제를 나타내는 것일까? 다음 예문을 보면서 생각해 보자.

先週、映画を見た。
来週、映画を見る。

일본어에는 미래시제를 나타내는 '미래형'이 없으며 기본형인「ル형」이 현재 또는 미래를 나타낸다. 동작이나 변화를 의미하는 술어의 기본형은 미래를, 상태를 의미하는 술어의 기본형은 현재를 나타내는데 이것을 정리하면 다음 표와 같다.

		기본형		た형
동작 변화의 술어	미래	すぐ行くよ。 今日は雨が降る。	과거	すぐ行ったよ。 今日は雨が降った。
상태 술어	현재	桜の花がきれいだ。 変な臭がする。	과거	桜の花がきれいだった。 変な臭がした。

위의 표와 같이 「夕형」은 단어가 동작이든 상태든 과거를 나타내고, 기본형은 술어에 따라 미래나 현재를 나타낸다.

그러나 「夕형」에 과거의 의미만이 있는 것은 아니며 「あった!(있다!)」, 「早く知らせたほうがいいよ(빨리 알리는 편이 좋아)」처럼 주관적 표현도 있다.

특히 「상태적 술어 + 夕」 형태에는 주의가 필요하다. 「상태적 술어 + 夕」의 용법에는 과거의 상태를 지금은 다르다는 것을 포함하여 말하는 경우도 있지만, 현재 상태는 포함하지 않고 단순히 과거에 인식한 상태를 나타내는 경우도 있다. 예를 들어 「鍋が開いていた(냄비가 열려 있었다)」라는 문은 「지금은 닫혀 있다」는 사실이 포함되어 있다고 해석을 할 수도 있고, 현재 상태에 대한 의미 없이 다만 과거에 그 사실을 인식하고 있었던 것만을 나타낸다고 해석할 수도 있다.

다른 예로 「彼は3年生だった(그는 3학년 이었다)」라는 문은 「그가 (작년에는) 3학년 이었다」는 의미로 해석할 수도 있고, 「(알고 보니) 그는 현재 3학년 이었다」라고 해석할 수도 있다. 현재를 나타내는 경우는 그가 몇 학년인지 몰라서 조사하여 3학년이라는 것을 알았다는 의미를 포함하고 있다.

그리고 현재의 상태를 통해 그 이전부터 쭉 그런 상태였다는 것을 알고 발견의 뉘앙스를 나타내는 용법도 있다. 냄비에 뚜껑을 덮는 것을 잊고 놓아두었다가 뒤에 뚜껑이 열려있는 것(今、蓋が開いている)을 발견하고는「あ、蓋が開いていた(뚜껑이 열려 있었다)」라고 말할 수도 있다.

모달리티(叙法)

문은 객관적 사실을 나타내는 부분과 그 사실에 대한 화자의 태도를 나타내는 부분으로 나누어지는데 전자를 명제, 후자를 모달리티(叙法, Modality)라고 한다. 즉, 모달리티는 단정, 확신, 추량, 전문 등 어떠한 사물에 대한 화자의 입장을 나타낸 말이다.

객관적 사실(명제)　　　　화자의 태도(모달리티)
うまいそばを食べる　　＋　だろう(추량)

단정을 나타내는 표현

단정을 나타내는 표현이란 명제에 대해 화자가 단정적으로 판단하여 서술하는 형식을 말한다. 대표적인 표현으로「だ」, 동사, 형용사, 형용동사, 이들의 부정형, 과거형, 과거부정형,「です」「ます」와 같은

표현도 단정을 나타내는 표현이라 할 수 있다.

　　あの人は田中さんの<u>奥さんだ</u>。
　　この部屋は<u>静かです</u>。

추량을 나타내는 표현

대표적인 표현으로 「だろう」「かもしれない」「はずだ」「にちがい
ない」 등이 있다. 「だろう」를 정중하게 표현할 때에는 「でしょう」를
쓰고, 「かもしれない」는 어느 정도의 가능성을 나타내는 표현이다.
「はずだ」「にちがいない」는 어느 정도의 확신을 가지고 말하는 표현
이다.

　　明日は雨が<u>降るだろう</u>。
　　彼は<u>来るかもしれない</u>。
　　彼は<u>来るに違いない</u>。
　　彼は<u>来るはずだ</u>。

추정을 나타내는 표현

외관, 징후를 나타내는 표현 「そうだ」(양태)는 형용사, 형용동사에
붙으면, 대상의 외관으로부터 그 성질을 추정하는 의미가 된다. 또한
동작이나 변화를 나타내는 동사에 붙으면, 동작, 변화를 일으키는

징후를 나타낸다.

　　このケーキは<u>おいしそうです</u>。
　　山田さん、上着のボタンが<u>落ちそうです</u>よ。

「ようだ」「みたいだ」는 상황으로부터의 판단을 나타내는 표현이다. 「ようだ」는 문장체나 격식을 차린 말투에 사용되며, 「みたいだ」는 「ようだ」와 같은 의미를 나타내지만 회화체에 사용되는 표현이다. 즉 「ようだ」「みたいだ」는 의미의 차이는 없지만 문체에 차이가 있다. 또한, 「らしい」도 상황으로부터의 판단을 나타내는 경우에 사용된다.

　　a. 何か事故があったようだ(らしい)。
　　b. 少し寒くなってきたようだね。

a는 객관적인 정보를 근거로 하여 화자의 추정을 나타내므로 「ようだ」도 「らしい」도 쓸 수 있으나, b는 명확한 근거가 없이 화자의 판단에 의한 막연한 추량을 나타내므로 「らしい」는 쓸 수 없다.

「らしい」는 다음 예문과 같이 명사에 붙어 그 명사의 전형적인 성질을 나타내는 접미사적 용법이 있다. 이 용법은 위에서 다루었던 추정 용법과는 의미적으로 다르다. 접속에 있어서도 추정을 나타내는 「らしい」는 명사 외에 형용사, 형용동사, 동사에 붙지만, 접미사 「らしい」는 명사에만 접속한다.

彼の格好はいかにも芸術家らしいですね。

전문을 나타내는 표현

「そうだ」는 타인으로부터 듣거나, 책에서 읽거나, 뉴스에서 보거나 해서 알고 있는 사항을 나타낸다. 이 표현은 정보원을 나타내는 「～によると(～에 의하면)」「～の話では(～의 이야기로는)」 등과 같이 사용되는 경우가 많다.

先輩の話では月曜日のゼミは役に立つそうです。

· 추량과 추정의 차이

추량 표현과 추정 표현은 어떠한 차이점이 있을까? 추량과 추정 표현 모두 화자가 어떠한 사항을 판단한다는 점에 있어서는 동일하지만, 그 판단의 근거에 차이점이 있다. 추정이란 화자가 어떠한 근거를 가지고 판단하는 것이고, 추량은 근거가 없이 행하는 판단이라는 점에서 차이가 있다.

1단 동사의 가능형을 만들 때는 동사 어간에 조동사「られる」를 접속하여「見られる, 起きられる, 受けられる」와 같은 형태로 쓰는데 회화체에서는「ら」를 빼고「見れる, 起きれる, 受けれる」의 형태를 많이 쓴다. 이를 'ら抜き言葉'라고 부른다.

'ら抜き言葉'는 기존에 中部地方(ちゅうぶちほう), 中国地方(ちゅうごくちほう), 四国地方(しこくちほう)에서 쓰이던 방언이 일본 전체로 퍼진 것이다. 왜 방언이 회화체에서 널리 쓰이게 되었을까?

이것은 다음과 같이 몇 가지 이유로 해석된다. 우선 見られる(mi-rareru), 起きられる(oki-rareru)의 형태는「r」이 세 번 겹쳐 발음하기 어렵다. 그런데 마침「書く(kak-u), 行く(ik-u), 住む(sum-u)」와 같은 5단 동사는 가능동사로「書ける(kak-eru), 行ける(ik-eru), 住める(sum-eru)」의 형태가 쓰이므로 여기서 영향을 받아 1단 동사에서도 'ら'를 빼고 쓰는 것이 보편화된 것 같다.

또한,「られる」라는 조동사는 수동, 존경, 가능, 자발이라는 네 가지 의미를 담당하기 때문에 혼동이 되고 있다. 가능의 의미로「見れる」를 사용함으로써,「見られる」는 존경의 의미를 담당하게 되므로 표현을 명확하게 하는데도 도움이 된다.

아직까지도 'ら抜き言葉'를 바르지 못한 표현으로 여기는 사람들이 있지만 사용 인구가 더 늘어나면 공식적으로 바른 표현으로 인정받게 될 것이다.

잠깐 쉬어가기

이묘희·금종애(2007)、현대일본어문법、제이앤씨

会田貞男·中野博之·中村幸弘(2004)、学校で教えてきている現代日本語の
　　　　文法、右文書院

北原保雄他(1981)、日本文法事典、有精堂出版

阪田雪子·倉持保男(1993)、教師用日本語教育ハンドブック文法２、凡人社

鈴木忍(1978)、教師用日本語教育ハンドブック文法1、凡人社

寺村秀夫(1978)、日本語の文法上·下、国立国語研究所

寺村秀夫他(1987)、ケーススタディ　日本文法、桜楓社

名柄迪監修(1987～1991)、外国人のための日本語例文·問題シリーズ1～18、
　　　　荒竹出版

仁田義雄他(1993)、日本語要説　第1章　現代語の文法·文法論、ひつじ書房

野田尚史(1991)、はじめての人の日本語文法、くろしお出版

東中川かほる·東雲裕子(2003)、独りで学べる日本語文法、凡人社

益岡隆志·田窪行則(1993)、改訂版　基礎日本語文法、くろしお出版

山口明穂·秋元守英(2001)、日本語文法大辞典、明治書院

山田敏弘(2004)、国語教師が知っておきたい日本語文法、くろしお出版

6장
일본어의 경어

현 대 / 일 본 어 학 / 입 문

경어는 현대 일본인이 사회생활을 영위해 나가는데 있어 필수 불가결한 것이다. 예를 들어, 초면인 사람과 둘이서 이야기할 때, 서로간의 관계에 대해서는 물론, 화제가 되고 있는 인물과 두 사람과의 각각의 관계가 어떠한지 알아야 되고, 거기에 적합한 말씨가 요구된다.

이 장에서는 대우표현의 중핵을 이루고 있는 경어를 존경어, 겸양어, 공손어 셋으로 나누어 살펴보고, 화자 자신의 언어적 품위를 나타내기 위한 표현인 미화어에 대해서도 살펴보기로 한다. 또한, 우리말과 일본어 경어의 차이에 대해서도 언급해 보기로 한다.

대우표현

    우리는 언어생활을 영위하는데 상대와의 인간관계, 장면, 화제 등에 따라 여러 가지 언어표현을 선택한다. 예를 들면, 상대방을 나타내는 데에도 「貴様, おまえ, 君, あなた, おたく, あなた様」 등이 있고, 또, 「待って, 待ってください, 待ってくれませんか, 待っていただけませんか, お待ちください, お待ちいただけませんでしょうか」 처럼 같은 내용의 명령을 표현하는 데에도, 상대를 높게 대우하는가 낮게 대우하는가, 정중하게 대우하는가 거칠게 대우하는가 등의 차이에 의해 많은 표현 방법이 있다. 이렇게 말하는 사람이 인간관계, 장면, 화제 등을 생각하여 같은 내용을 이야기하더라도 그 상황에 가장 맞는 언어 표현을 선택하는가, 즉, 상대를 어떻게 대우하는가에 관계되는 언어 표현을 「대우표현」이라 한다. 대우의 방법을 언어로 나타내는 수단에는 크게 다음과 같이 형식면에서의 대우표현과 운용면에서의 대우표현이 있다.

○ 형식면에서의 대우표현
  높은 대우 - 경어   소재경어 - 존경어 : 「お~になる」「れる/られる」 등
                              겸양어 : 「お~する」「伺う」 등
                 대자경어 - 공손어 : 「です」「ます」
                              미화어 : お菓子, お天気 등
  낮은 대우 - 비매(卑罵)표현 : 「食う」「~やがる」 등
○ 운용면에서의 대우표현 - 정중하게 표현하기 위한 전략

운용면에서 정중하게 표현하기 위한 전략으로는 「お茶でも飲みませんか」와 같이 대상을 한정시키지 않음으로서 정중함을 표현하는 방법, 「あまりにたばこは吸わないほうがいいですよ」와 같이 정도를 완화시켜 표현하는 방법, 「すみません、赤ん坊が寝ているんですが」와 같이 직접적으로 표현하지 않고 돌려서 표현하는 방법, 「個人的なことで恐縮ですが、 ご家族は何人いらっしゃいますか」와 같이 앞 부분에 말을 첨가시키는 방법 등이 있다. 또한 복장, 몸짓, 표정 등의 비언어적 대우도 넓은 의미에서의 대우표현에 포함된다. 대우표현의 연구에서는 경어 연구가 중핵이 되고 있으므로, 이하 경어를 중심으로 살펴보기로 한다.

경어는 무엇이며 어떠한 종류가 있을까?

경어라는 것은 화자와 청자 또는 화제 속의 인물과의 관계에 따라 말을 구별하여 사용하고 그렇게 함으로서 인간관계를 분명하게 나타내기 위한 표현 양식이다. 경어는 보통, 존경어(尊敬語), 겸양어(謙讓語), 공손어(丁寧語)의 세 가지로 나눈다. 존경어는 청자나 화제 속의 인물을 높여 화자의 경의를 직접 나타내는 경어이고, 겸양어는 화자 쪽을 낮춤에 따라 간접적으로 청자나 화제 속의 인물을 높이는 경어이다. 이에 대하여 공손어는 말을 공손하게 함으로서 청자에게 경의를 나타내는 표현이다. 또한, 자신의 말을 품위 있게 하기 위해 사용하는 미화어(美化語)가 있다. 미화어도 말의 품위를 높임에 따라 간접적으로 상대방에게 경의를 나타낸다고도 할 수 있으므로 경어표현에 포함시키는 경우도 있다.

경어는 사회구조의 변화에 따라 그 사용법에도 변화가 나타나는데 형태상으로 보면, 경어동사처럼 용어를 바꾸거나 「お(ご)～になる／する」와 같이, 단어의 구성요소 전후에 부분적으로 표현을 첨가하는 경우이다. 이러한 형식 자체는 익히기만 하면 되므로 그다지 어렵지는 않으나, 흔히 경어 학습이 어렵다고 하는 것은 문법 형식뿐만 아니라, 복잡한 인간관계를 생각한 후에 적절한 표현 형식을 선택해야만 하기 때문이다. 인간관계가 극히 복잡해진 현대사회에서 어떠한 경우에 어떤 상대에게 어느 정도의 경의를 지닌 경어를 사용하면 좋은지, 경어를 어느 정도 사용하면 좋은지 등의 문제는 일본사람에게도 어렵다고 한다. 그러나, 경어라고 하는 것은 적어도 일상생활에서 인간관계를 원만히 유지하기 위하여 필요한 요소이므로 익히는 것이 중요하다.

존경어(尊敬語)

존경어로서는, 경어동사 및 보조동사로서 「いらっしゃる(いる・来る・行くに 대하여), おっしゃる(いう), なさる(する), めしあがる(たべる)」 등이 있다. 이 밖에 접두어나 다른 동사(보조동사)가 붙은 것으로, 「お～なさる・お～になる・お～くださる」 등이 있다.

접두어로서는 「お・ご(御)・芳(御芳名 등)・令(令夫人 등)」 등이

있고, 접미어로서는「さん・さま(様)・どの(殿)・くん(君)」등이 있다. 이들 중「どの」는 옛날에는 신분이 높은 사람에게만 사용했으나 현재는 편지의 수신인명이나 관직명 등에 붙여 공식적인 경우에 주로 사용한다.「さま」는 사람의 이름 등에 붙어서「さん」보다 높은 경의를 나타내는 말인데, 일상생활에서는 거의 쓰이지 않고 주로 공식적인 장면이나 상업적인 목적으로 쓰이는 경우가 많다.「さん」은「さま」보다는 경의도가 낮지만, 일본의 인칭대명사 중에서 가장 광범위하게 쓰이는 말이다.

대명사로서는「あなた・あなた様・貴殿」등이 사용된다.「おまえ(お前)」라는 말 등도 무로마치(室町)경에는 존경의 뜻으로 사용된 적이 있었지만, 차츰 대우가치가 하락하여 현대어에서는 젊은 남자들이 주로 쓰며 품위도 떨어졌다.

조동사로서는「れる・られる」가 있다. 존경의 의미를 나타내며,「行かれる・起きられる」와 같이 사용하는 경우이다. 경의의 정도는 앞에서 서술한 경어동사나「お〜になる」에 비해 떨어지지만, 규칙적으로 쓸 수 있으므로 현재 많이 사용되고 있다. 특히, 젊은 남성들 사이에서 많이 사용되고 신문, 논문, 공용문 등의 문장체로서 사용되고 있다. 그러나, 수동이나 가능의 형태와 혼동될 우려가 있다는 결점이 있다.

존경을 나타내기 위해서는 이들 말이 문중에서 서로 대응하여 사용된다.

山田さまがおいでになる。
白石さんがなさいました。

　존경의 접미어와 함께 존경의 동사가 사용되고 있어 하나의 문중에서 대응하고 있다. 친한 경우나, 농담을 섞어서 말하는 경우 외에는 보통은 「山田さまが来た」라든가 「白石がなさいました」처럼은 말하지 않는다. 이러한 대응 관계는 다음의 겸양어에서도 마찬가지이다.

겸양어(謙讓語)

　겸양어로서는 경어동사로서 「申す・申し上げる(いう의 겸양어), いたす(する), 存ずる(思う), 参る(行く・来る), うかがう(質問する・訪問する), いただく(もらう)」 등이 있다. 현재 이들 말은 「申します・参ります」 등처럼 뒤에 「ます」를 붙여서 말하는 것이 보통이다.

　그 밖에 한자어동사로서 「拝見する・参上する・頂戴する」 등이 있다.

　접두어로는 「拙(文)・愚(息)・小(生)」 등이 있고, 접미어로는 「め・ども」 등이 있지만, 이들 말은 현재는 잘 사용되고 있지 않다. 또, 상대에 대한 동작을 나타낼 경우, 「おうかがい申し上げます・御通知いたします」와 같이 「お・ご(御)」를 사용하는 경우가 많다.

　대명사로는 「わたくし・わたし・ぼく」 등이 있다. 「わたくし」와

「わたし」에서는 「わたくし」 쪽이 보다 경의도가 높다.

이들 말도 겸양을 나타내는 말끼리 대응하여 사용된다.

<u>わたくし</u>が<u>いたし</u>ましょう。
<u>わたくし</u>は先生の本を<u>拝借</u>しました。

・お・ご의 사용

명사나 형용사에서는 「お」나 「ご」를 붙여서 존경어가 되기도 하고 겸양어나 공손어가 되기도 한다. 「ぜひ先生のお話がうかがいたいんですが … (꼭 선생님의 말씀을 듣고 싶은데요…)」의 경우의 「お話」는 존경어이지만, 「先生にお話があるんですが … (선생님께 드릴 말씀이 있는데요…)」의 경우의 「お話」는 겸양어가 된다. 또한, 「お花, お酒, お野菜, お勉強」 등은 공손어나 미화어(美化語)로 사용되는 경우로, 특히 여성에 의해 사용되는 경우가 많다.

일본 고유어에는 보통 「お」가 붙는다. 「お所, お考え, お招き, お知らせ, お答え」 등과 같은 예가 있다. 또한, 한자어에는 「ご」가 붙는다. 「ご住所, ご意見, ご招待, ご通知, ご回答」 등의 예가 있다. 그러나, 한자어라도 한자어 의식이 희박한 경우에는 「お」가 붙어서 「お宅, お茶, お釜, お盆, お肉」 등처럼 된다. 또한, 「お料理, お食事, お洋服, お電話, お時間」 등처럼 일상생활에서 많이 쓰이는 말은 한자어라도 「お」를 붙이는 일이 많다.

「お」나 「ご」가 하나의 문 속에서 자주 사용되면 좋지 않으므로

되도록 동사를 정중하게 사용하는 것이 좋다.

先生はお忙しくて、お休みになるお時間もないそうです。

(부자연스런 문장)

先生はお忙しくて、お休みになる時間もないそうです。

(자연스런 문장)

공손어(丁寧語)

공손어로서는 「です・ます」가 있다. 이들 말은 특히 화자가 말하는 상대(청자)에 대한 경의를 나타내는 말이다. 보통 문의 끝에 붙는다. 이 중에 「ます」는 동사의 연용형에 붙는다.

보통체 … 山田がいう　　　→ 山田がいいます
존경어 … 山田さんがおっしゃる
　　　　　　　　　　　→ 山田さんがおっしゃいます
겸양어 … (山田が申し上げる) → 山田が申し上げます

위와 같이 동사의 보통체에도 또는 존경어나 겸양어에도 붙어서 청자에 대한 경의를 나타낸다(단, 「申し上げる」는 문장체의 경우는 별도로 하고, 보통은 「申し上げます」와 같이 항상 「ます」를 붙여서 표현한다).

또, 형용사나 형용동사, 지정사에는 「です」를 붙여서 공손함을 나타낸다. 예를 들면, 「寒いです・親切です・わたくしです」와 같이 표현한다. 지정사에는 「です」보다 더 공손한 표현인 「(わたくし)でございます」라는 형식도 있다.

미화어(美化語)

미화어란 화자가 표현의 소재를 미화하여 표현함으로써 화자 자신의 언어적 품위를 유지하기 위한 것이다. 화자 자신의 품위를 나타내기 위한 표현이기 때문에 경어에 포함하지 않고 대우표현에 포함시키는 경우도 있으나, 그 언어적 품위를 지킨다는 것은 상대방에 대한 배려라고도 볼 수 있기 때문에 경어의 일종으로 볼 수 있다.

미화어에는 「おつゆ(しる에 대하여), ご飯(めし에 대하여)」과 같이 「お」나 「ご」를 붙여서 단어 본체와 분리할 수 없는 말이나, 「食べる(食う에 대하여)」와 같은 말이 있다.

미화어는 화자의 교양을 나타내는 것이므로, 그 때문에 「お茶・お米・お寺」처럼 중립화하여 일반어에 편입되는 경향이 있다. 현대어에서는 「おいしい」처럼 미화어라기 보다는 여성어에서 일반어로 되어가고 있는 것도 있다.

경어의 오용

경어의 오용으로서 자주 언급되는 것은 「まいる・申す・うかがう」 등의 겸양표현이 존경표현으로 사용되는 경우이다. 예를 들면,

田中さんが参りましたら会議を始めることにいたします。
今、田中さんが申されましたように…

와 같은 예이다. 처음 예는 「田中さん」이라고 존경하고 있으므로, 「田中さんがおいでになりましたら(다나카씨가 오시면)」라고 해야 한다. 다음 예의 「申す」도 「田中さん」이 말한 것을 존경하고 있는 것이 아니라 그렇게 전달하는 상대를 존경하고 있는 것이 되어 적당치 않으므로, 「田中さんがおっしゃいましたように(다나카씨가 말씀하신 것처럼)」라고 하는 것이 적당하다.

또, 자신에 대하여 존경어를 사용한다든지, 「お」나 「ご」를 붙인다든지 하는 것(겸양의 의미는 별도)이 오용인 것은 말할 필요도 없다.

그 밖에 경어를 너무 의식한 나머지, 과잉 경어라 할 수 있는 표현을 사용하는 경우도 볼 수 있다.

先生はもうお休みになられましたか。　　　・・・　①
何をおめしあがりになられましたか。　　　・・・　②

①은 「お〜になる + 〜れる」의 양쪽 형식을 사용한 이중 경어이고, ②는 「めしあがる + お〜になる + 〜れる」의 3중경어로 되어 있다.

경어의 오용이 많다는 것은 경어 표현의 체계가 현대인이 감당할 수 없게 되었다는 것을 의미하고 있는 것이다. 생활 감각이나 인간관계에도 변화가 나타나고 있으므로, 앞으로 경어도 단순화되리라 예상된다.

우리말과 일본어 경어의 차이

일본어의 경어는 상대 경어(相対敬語)라 한다. 상대 경어인 경우에는 상대(청자)에 따라 누구에게 경의를 표현하는가가 정해진다.

예를 들면, 자기 아버지와 직접 대면해서 말할 때에는「お父さん, どこへいらっしゃいますか(아버님 어디 가십니까?)」라는 존경어를 사용할 수 있다. 이와 같이 가정 내에서는 자식들이 부모를「お父さん, お母さん」이라고 부를 수 있다. 그러나 다른 사람 앞에서 자기 부모에 대해 말할 때에는,「父は行くと申しております(아버지도 간다고 말했는데요)」처럼 낮추어 표현해야 한다.

한편, 이러한 경어 표현은 회사에서의 경어 사용에서도 마찬가지

로 나타난다. 자기 회사 사장에 대하여, 다른 회사 사람에게 말할 경우에는 만일 사장이 스즈키(鈴木)라는 성을 가지고 있다면, 「鈴木は外出しております(스즈키는 외출 중인데요)」라고 하여 낮추어 표현해야 한다. 그러나, 사장 부인한테 전화가 걸려 왔을 때에는 「鈴木が … (스즈키가…)」라고는 할 수 없다. 이럴 때는 「社長さまは … (사장님은…)」라고 해야 된다. 즉, 수화기를 들었을 때 그 상대가 누구인지 판단하지 않으면 안 된다. 이처럼 일본어에서는 경어를 사용할 때 화제의 인물이 자기 쪽인지 상대방 쪽인지를 구별하여 어휘 선택을 해야 한다.

이에 반하여 우리말은 절대경어(絶対敬語)라고 한다. 절대 경어의 경우에는 자기보다 손윗사람일 때에는 상대(청자)가 누구이든 경어를 사용한다. 예를 들면, 부모는 손윗사람이므로 상대가 누구이든 간에 항상 경어를 사용한다.

이런 면에서 본다면 한국어 경어가 일본어보다 쉽다고도 볼 수 있는데, 이런 차이점이 일본어 경어를 습득할 때에 어려운 점이기도 하다.

흔히 사람들은 "일본어만큼 복잡한 언어는 없다. 영어에서는, 국왕이 가난한 소년에게 말을 걸 때, 상대는 you, 자신은 I, 또 소년도 국왕을 you, 자신을 I 라고 대답한다. 경어 따위는 없다"고 말한다.

그러나 영어에도 경어는 있다. 예를 들면, "Give me a cup of tea?"라고 할 것을 "Will you give me a cup of tea?"라 한다. "Would you please give me a cup of tea?"라 하면 한층 정중한 표현이 된다.

직접적으로 "Give me…"라 하지 않고, "Would you please give me…"라 하면 가정법을 사용하고 있는 셈이다. would나 could 등의 가정법을 사용한다는 것은, 행위의 주체로서 불쑥 말하는 게 아니고, '만일, 혹시' 등의 형태로 상대의 의향을 묻는 문법 형식을 사용하여 표현하는 것이다.

또한, 미국에서는 친한 관계라면 상대의 이름을 부르지만, 처음 만난 상대를 갑자기 John이나 Mary 등 이름으로 부르는 것은 실례가 된다. 이렇게 본다면 영어에 경어가 없다고 하는 것은 잘못된 생각이 아닐는지?

잠깐 쉬어가기

菊地康人(1994)、敬語、角川書店

国文学 解釈と教材の研究12月(1995)、特集　現代日本語の敬語は、学灯社

国立国語研究所(1982)、企業の中の敬語、三省堂

西田直敏(1987)、国語学叢書13 敬語、東京堂出版

文化庁(1971)、待遇表現、大蔵省印刷局

日本語学 1 月(1983)、特集 敬語、明治書院

南不二男他(1977)、岩波講座日本語4 敬語、岩波書店

南不二男(1987)、敬語、岩波新書

平岡周祐・浜由美子(1988)、外国人のための日本語 例文・問題シリーズ10 敬
　　　語、荒竹出版

7장
사회언어학

현대 / 일본어학 / 입문

사회언어학이라는 용어는 1960년대 미국에서 사용되기 시작한 sociolinguistics의 번역어로 사회 속에서 사는 인간, 또는 그 집단과의 관계에 따른 언어 현상, 언어 운용을 다루는 학문 분야이다. 그렇다면 일본에서 사회언어학 연구가 시작된 것은 언제부터일까? 일본에서 사회언어학이라는 용어가 사용되기 시작한 것은 1970년부터이지만 쇼와 초기(1933년 이후)에 사회언어학 연구라고 볼 수 있는 연구가 언어생활이라는 명목 하에 행해졌다.

이 장에서는 주로 현재 일본에서 진행되고 있는 사회언어학의 연구영역과 각 분야에서 다루어지는 연구내용에 대해 개관하기로 한다.

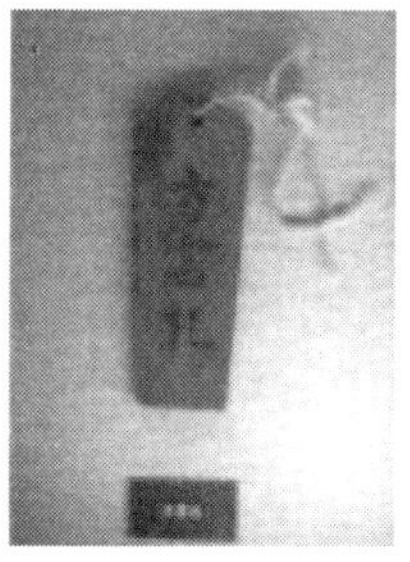

일본 오키나와 지방에서 표준어를 보급시키기 위해
사용한 방언표찰

사회언어학의 연구 영역

사회언어학의 기본적인 입장은 사회와의 관계 속에서 언어를 다루려는데 있다. 이러한 사회언어학이 다루는 연구대상은 매우 넓으나, 사회적 문화적 현상으로서 언어를 연구하고 주로 언어의 변종에 주목한다. 여기에서는 일본의 사회언어학의 연구영역을 방법론, 언어변종, 언어행동, 언어생활, 언어접촉, 언어변화, 언어의식, 언어습득, 언어계획의 9가지 항목으로 분류, 각 분야에서 다루어지는 연구내용에 대해 개관하기로 한다.

방법론

일본의 사회언어학 연구의 특징은 가설을 먼저 세우고 그에 대해 입증해 가는 패턴을 취하는 것이 아니라 축적된 데이터로부터 그 실태를 파악해 가는 방법을 취한다. 거기에는 사회언어학이라는 연구에서 가장 중요한 것은 객관적인 데이터라는 것과 데이터에 근거하지 않는 이론은 공론이라는 철학이 담겨있다. 일본의 대표적인 사회언어학자인 사나다 신지(眞田信治)는 한 사람 한 사람의 얼굴이 보이는 연구를 지향하고 있다. 추상화된 이론을 구축하기보다는 언어를 통하여 개개인의 인간을 관찰하는 것에 중점을 두고 있다고 말할 수 있다. 이에 대해 구미, 특히 미국의 사회언어학 연구자들은 보편적인 경향을 파악하는 데에 흥미를 가지는 경우가 많다.

언어변종(속성과 말)

　언어변종이란 같은 내용을 말하더라도 언어를 사용하는 사람의 출신지, 계층, 직업, 성별, 연령 등의 사회적 속성에 따라 다른 표현이 사용되는 것을 말한다. 이렇게 속성에 따라 말이 달라지는 현상을 위상(位相)이라 하고, 거기에 따른 언어상의 차이를 위상차라 한다. 위상이나 위상차의 양상은 말할 것도 없이 일본 사회의 구조나 일본인의 의식, 사고방식과 깊이 관계되어 있다.

　위상은 음성, 문자·표기, 문법, 어휘 등에서 보이지만, 특히 어휘면에서 단적으로 나타나므로 위상차를 반영하는 특수한 어휘를 위상어라 한다.

　위상어가 형성되는 계기는 여러 가지가 있다. 지역적인 차이에 의한 방언이나 성별·연령 등의 생리적 차이에 의한 남성어·여성어, 유아어·노인어 등도 위상어에 포함된다. 역사적으로는, 뇨보코토바(女房詞)나 무사어(武士詞), 유곽어(遊里語), 근대의 군대 용어 등이 현저한 형태의 위상어로 지적된다. 현대에서는 세분화된 직업이나 취미를 가진 그룹에서 혹은 특수한 목적을 지닌 집단에서 형성되기 쉽고, 더 나아가 그 집단의 구성원 이외에는 통용되지 않는 은어가 된다. 여기에서는 사회적 요인에 의해 형성되는 언어의 변종에는 구체적으로 어떠한 것들이 있는지 살펴보기로 한다.

성차와 언어변종

다음 글은 'A'와 'B'의 회화내용인데, 이 글을 읽은 사람들은, 'A'가 여성이고 'B'는 남성임을 알 수 있을 것이다. 무슨 근거로 바로 알 수가 있을까?

A : ストライキだったんですって?
B : どうして知ってる?
A : 柳さんのご注進でね。
B : そうか。あの小生意気な娘っ子は二人とも逮捕されたぞ。
A : まあ! 森田さんと—
B : 秘書の竹野って女だ。うるさいのがいなくなってせいせいした。
A : そんなこと言うために電話してきたの?

— 아카가와 지로(赤川次郎) 『女社長に乾杯!』에서—

일본어는 남녀 사이에 사용하는 말의 차이(성차)가 심한 언어라고 일컬어지고 있다. 문말의 종조사 「って」나 「の」에서, 또한, 문두의 「まあ」 등에서 'A'는 여성임을 알 수 있고 종조사 「ぞ」나 「~女だ」라는 단정의 표현 등에서 'B'는 남성임을 알 수 있다.

남성어·여성어가 확실히 대응하고 있는 것으로서 인칭대명사·감동사·종조사를 들 수 있는데 다음과 같은 대응을 볼 수 있다.

남성어와 여성어의 예

남　성	여　성
<u>おお</u>、たいへんだぞ。	<u>あら</u>、たいへんよ。
<u>おい</u>、何を食べようか。	<u>ねえ</u>、何を食べましょうか。
<u>ほう</u>、それは困ったな。	<u>まあ</u>、それは困ったわ。
お互いに気をつけよう<u>ぜ</u>。	お互いに気をつけましょう<u>ね</u>。

다음에 대표적인 인칭대명사를 자칭사와 대칭사로 나누어 남성과 여성 어느 쪽이 더 많이 사용하는지 경향을 나타내 보았다.

자칭사·대칭사의 남녀 비교

	인칭대명사	남녀 경향
자칭사	ワタシ・ワタクシ	남 〈 여
	アタシ	주로 여성
	ボク	남 성 만
	オレ	남 성 만
대칭사	アナタ	남 〈 여
	アンタ	남 〈 여
	キミ	남 〉 여
	オマエ	남 〉 여

위의 표에서 알 수 있듯이 자칭의 「ぼく・おれ」는 남성어이고, 대칭의 「おまえ」는 남성적인 말이다. 한편, 자칭의 「あたし」는 주로 여성이 사용하고 「わたし・わたくし」나 대칭의 「あなた・あんた」는 여성적인 표현이라 할 수 있을 것이다.

이 밖에, 「おやじ・ふくろ・ぶんなぐる」 등은 거의 남성 밖에 사

용하지 않으며 남성은 「食う・うまい」를, 여성은 「食べる・おいし
い」를 사용한다고 하는 대응도 들 수 있다. 그러나 최근에는 남녀차
가 줄어들고, 특히 젊은 여성 중에는 남성이 사용하는 어휘를 사용하
는 사람이 늘고 있고, 반대로 남성중에도 여성이 잘 사용하는 어휘를
사용하는 경우도 있어 양자의 대립이 점차 좁혀지고 있다.

이와 같이 사람들의 의식 속에 남성어와 여성어가 존재한다고 볼
수 있는데, 언어에서의 성차가 사회언어학적인 주제가 된 것은 언어
상의 성차별에 주목하면서부터이다. 먼저 남성을 나타내는 단어는
긍정적인 반면 여성을 나타내는 단어는 부정적이라는 사실이 주목의
대상이었다. 여자를 지칭하는 '여왕'은 있지만 남자를 지칭하는 '남왕'
은 없다. '왕'은 남자가 하는 게 자연스럽고 여자가 왕이 되면 유별나
다고 생각하기 때문이다. 이건 성차별이 지속되어 온 문화의 반영이
라 할 수 있다.

일본은 1985년에 여성차별철폐조약을 비준하고, 남녀고용기회균
등법을 시행했는데, 이것과 관련하여 여성에 관한 용어 및 표현에
대한 손질도 이루어졌다. 「女中」는 「お手伝いさん」으로, 「女工」는
「女子従業員」으로, 「老婆」는 「老女」로, 「出もどり」나 「オールド
ミス」는 차별어의 규제 대상이 되었다. 또한, 「女のくせに」나 「女の
腐ったような」와 같은 표현도 차별표현이라 하여, 신문・방송에서
는 피하게 되었다.

어종(語種)면에서 보면 일반적으로 남성은 여성에 비하면 한자어
의 사용이 많다. 당연히 격식을 차린 장면과 스스럼없는 장면에서는

차이가 있지만, 양쪽 모두 남성이 여성보다 한자어를 많이 사용하고 있다. 이것은 남성이 격식을 차린 딱딱한 어감의 한자어를 좋아하는 경향이 있기 때문이라고 할 수 있을 것이다.

여성어의 특색으로서는 정중한 표현이나 완곡한 표현을 들 수 있는데「お客・お酒・お金・お風呂・お正月」등의 접두어「お」의 빈번한 사용도 그 한 예이다. 또한, 여성이 잘 사용하는「おひや・おなか」등도 있는데, 이들은 무로마치시대 궁중의 여관들 사이에서 사용되던 뇨보코도바(女房詞) 중 몇 개가 현대에 이르러 일반 여성이 사용하게 된 것이다.

이상의 표현을 보면, 여성어는 대체적으로 공손하고 완곡하거나 섬세하고 부드러움을 특징으로 들 수 있다. 이는 그동안 일본 사회가 요구한 여성상을 반영하는 게 아닐까?

계층차와 언어변종

일본의 에도시대(1603~1867)에는 사회가 사농공상의 신분제도가 구분되어 있어 이들 계층에 따라 말의 차이가 현저했다고 한다. 근대에 들어와서도 다음과 같이 같은 도쿄에서 사용되는 말이라고 하더라도 계급, 직업, 연령, 남녀 등의 차이에 의해 언어가 다르다.

私にもそれをください。	공통어
あたいにもそれをおくんな。	남자아이
私にもそれを頂戴な。	여자아이
私にもそれを頂戴よ。	게이샤
私にもそれを呉れ給え。	서생(書生)
わしにもそれくんねい。	장인(匠人)

―『言語学雑誌』3-2에서―

현대 일본어에서는 사회적 지위나 신분에 따라 나타나는 계층차가 희박해지고 있다. 그러나 언어의 음성, 표현법, 어휘 등의 특징으로부터 그 사람의 사회계층, 즉, 직업을 추정하는 것은 어느 정도 가능하다. 예를 들어, 교사, 공무원, 은행원, 예술인 등은 직업에 따른 문체적 특징이 존재한다. 백화점 안내방송의 독특한 음률, 또한 방문판매 등의 대우표현도 독특하다.

연령차와 언어변종

언어변종에 관계되는 변수 중에서 가장 중요한 변수의 하나로 각종 사회언어학적 조사 결과로부터 연령과 언어의 상관관계가 나타난다.

사람들은 연령 단계마다 다른 말을 배움으로써 그 연령 단계의 사회에 적응해 간다. 어린아이는 부모의 언어로부터 받는 영향 못지않게 또래의 아이들로부터 영향을 받으며 언어를 습득하게 된다. 이

과정에서 독특한 유아어나 아동어가 형성된다.

유아어나 아동어는 사회화 과정이 진행되면서 수정 절차를 밟거나 전면적으로 교체된다. 사람들은 유아어에서 아동어, 아동어에서 청소년어, 그리고 노인어 등으로 자신의 언어형을 바꾸면서 사회화 과정을 밟는다.

연령 단계별 언어적 특징은 비교적 뚜렷한데, 유아어에 대해서는 발달 심리학이나 언어발달 과정의 연구라는 측면에서 활발히 연구되고 있다. 발음의 혼란(魚 : おちゃかな, 此 : こえ 등)이나 발음화(ねんね, まんま 등), 반복형(おてて, おべべ 등)이나 의성어·의태어의 다용(ワンワン, ブーブー 등), 의인화(ことりさん, にんじんさん), 의미의 확장(ワンワン을 네발 달린 동물 전체에 사용한다) 등 여러 가지 특징이 지적되고 있다. 또한, 청소년층은 속어나 유행어를 선호하는 경향이 있다.

한편, 노인어에 대해서는, 「わし·じゃ·のう」 등의 특유한 말투나, 옛날 말(いいなずけ·婚礼·身代)이 남기 쉬운 것 등이 지적되고 있는 것 외에는 그다지 연구가 되어 있지 않다.

연령 단계별 언어의 사용자 집단은 개방적이고 유동적이라는 점에서 그 언어 또한 세대에 따라 변한다고 생각할 수 있다. 그러나 연령 단계별 언어는 해당 세대 사람들의 성장이나 죽음으로 인해 소멸되는 것은 아니다. 유아어, 아동어, 청소년어, 노인어 등 연령 단계의 언어는 나름대로 생명력을 갖고 전승되어진다.

지역차와 언어변종

· 방언

방언은 지역차에 따른 위상이다. 일본 각지에서 사용되고 있는 말이 방송에서의 아나운서의 말과는 다른 점이 음운이나 어휘, 문법에서 보인다. 방언은 이러한 음운·어휘·문법은 물론, 말의 운용이나 표현상의 특색까지를 포함한, 그 지역 전체에서 사용되고 있는 언어 체계 전체를 가리킨다.

예를 들어 음성 면에서 보면, 동일본 쪽에서는 ガ행음은 어두에 사용될 때는 [g]이고, 어중·어미에 사용될 때는 [ŋ](ガ행 비탁음)이지만, 서일본 쪽에서는 어두에서도 어중·어미에서도 [g]라는 차이가 보인다. 도쿄방언에서의 ヒ와 シ의 혼동, 또는 도호쿠지방에서의 모음의 중설음적 발음 등도 들 수 있다.

「京へ筑紫(つくし)に坂東(ばんどう)さ」라는 무로마치시대의 속담은, 방향을 가리키는 조사의 차이에 따라 긴키와 규슈와 관동의 셋으로 나눈 예이다.

일본은 중부지방의 일본 알프스 부근을 경계로 하여 크게 동서 대립이 보인다.

다음과 같은 단어에서 동서 대립을 볼 수 있다.

동일본과 서일본의 단어차

	동일본	서일본
一昨日	オトトイ	オトツイ
七日	ナノカ	ナヌカ
くすり指	クスリユビ	ベニサシユビ
茄子	ナス	ナスビ
酸っぱい	スッパイ	スイー
居る	イル	オル

문법에서도 커다란 차이가 보인다. 주요한 차이는 다음과 같다.

동일본과 서일본의 문법차

	동일본	서일본
買う의 연용형	カッテ	コーテ
白い의 연용형	シロク	シロー
부정 조동사	ーナイ	ーン
단정 조동사	ダ	ジャ, ヤ

다음 그림은 「明明後日」를 무엇이라고 하는지를 조사한 것이다. 서일본에서는 「シアサッテ」계로 말하는데 대하여, 동일본은 「ヤノアサッテ」계로 말한다. 이러한 동서대립은 일본 알프스라는 산악 지대가 말의 전파를 방해했기 때문이라고 여겨진다.

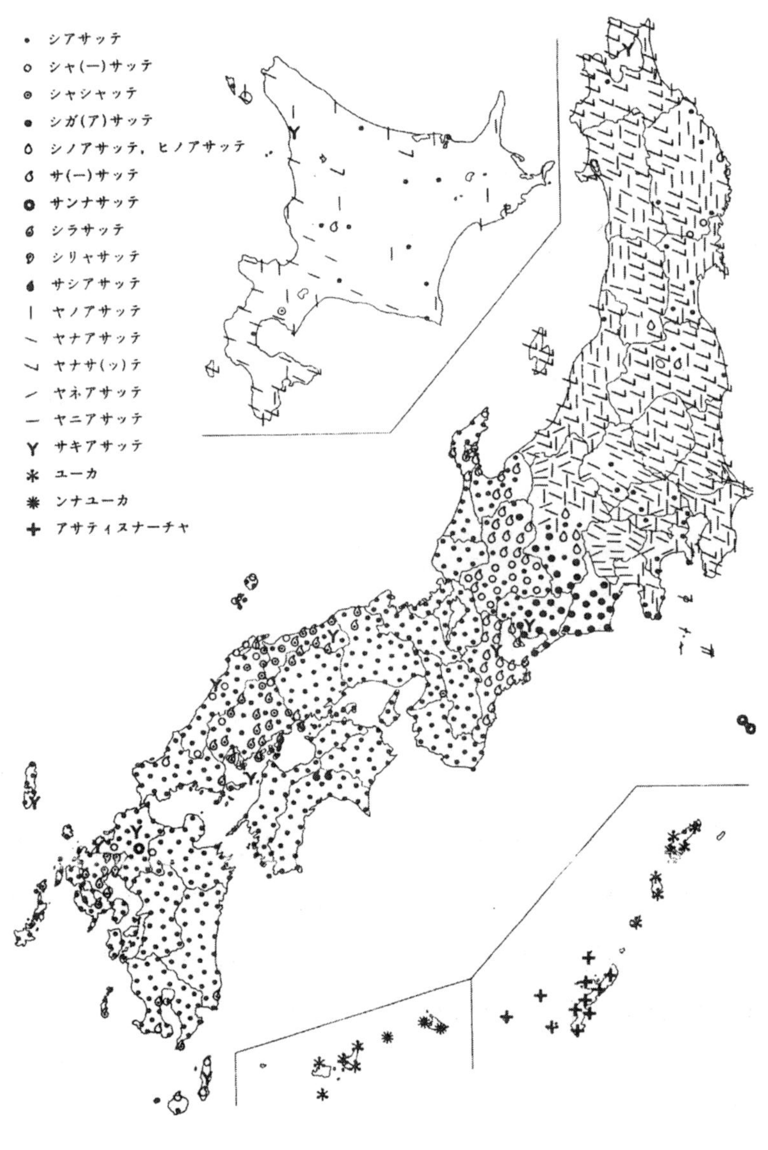

「シアサッテ」의 분포─『よくわかる語彙』에서 인용

· 공통어(표준어)

공통어는 일본 전국에 통용되는 언어로서, 전국적으로 통용되지 않는 방언과 대립되는 개념이다. 구어체에서는 NHK의 아나운서가 쓰는 말을 하나의 전형적인 예로 보는 경우가 많다. 공적인 경우 등 어느 지방에서도 통하는 격식을 차릴 때의 구어체이다. 문장체에서는 교과서·신문·잡지 등에서 사용되는 말이다. 공통어는 도쿄말에 기준을 두고 있는데, 사투리는 제외된다.

이 공통어에 가까운 것으로서 「표준어」가 있다. 메이지시대 이후, 동경이 정치·문화의 중심이 되자 구어문이 전국적으로 보급되고, 에도말에서 발전된 도쿄말이 서서히 표준어의 지위를 획득하게 된다. 이어 도쿄말은 교양 있는 사람들 사이에 행해지고 있는 구어라고 규정되었고, 그 지역이 야마노테(山の手) 지역으로 한정되어 표준어의 윤곽이 뚜렷해지게 되었다.

표준어라는 용어를 사용하는 한, 일본인의 규범이 되는 바른 언어라는 느낌을 떨칠 수가 없다. 공통어가 어디까지나 자연스러운 현실로서 존재하는 것과는 달리, 표준어는 인위적으로 이상에 접근시키고자 하는 개념이라는 점에서, 두 용어는 기본적으로 성격을 달리하고 있다.

집단어

집단어라는 것은 특정 사회집단이나 특정의 전문분야에서 사용되

는 그 집단, 그 분야 특유의 특징적인 어휘, 표현형식을 말한다. 예를 들면, 경찰들이 사용하는 「ホシ(범인)・ガイシャ(피해자)」 등은 경찰 용어이고, 「大部屋・くろこ・奈落」 등은 연극의 세계에서 사용되는 용어이다.

이것들은 그 사회에 속해 있는 사람들 사이에서만 통용되는 암호로서의 성격이 강하고, 일종의 은어로 볼 수 있는데, 은어 자체는 직업보다는 오히려 특정한 이해관계가 일치하는 집단에서 발생하는 것이다. 예를 들면, 폭력배나 범죄자 집단(サツ[警察], ムショ[刑務所], ドヤ[宿屋])이라든가 학생들 사이(エスケープ, 代返, 学食)에서 쓰는 말 등이 그것이다.

직업어는 그 자체보다도 이들 말이 생활권의 확대나 매스컴의 발달에 의해 위상어에 머물지 않고 일반어 속에 진입하는 일이 있다는 점이 중요하다. 예를 들면, 장기용어에서 들어온 「高飛車」나 연극용어에서 들어온 「おはこ・二枚目」 등이 그러한 경우이고, 또 「アンチョコ・えんま帳」(학생어), 「デカ・ハジキ」(경찰용어) 등의 은어나 「お開き(=閉会)・あたりめ(=するめ)・あがり(=お茶)」 등의 금기어적인 것이 일반화하는 경우도 있다.

금기어(忌み言葉)

금기어는 불길한 연상 때문에 사용을 피하는 말이나 대용하는 말을 일컫는다. 「死ぬ」를 「なくなる」라 한다든지, 결혼식 등의 축하하는 자리에서는 「出る・切れる・離れる・終わる・去る」 등의 말은 피하고, 그 때문에 결혼식을 폐회하는 것을 「お開きになる」라고 한다. 또한, 상인들 사이에서는 「梨」는 「無し(없음)」를 연상시키기 때문에 「アリノミ」라 하고, 「するめ」는 「する」를 피해 「あたりめ」라고 하는 것도 금기어의 일종이다.

금기어는 타부의식에서 나온 것이고, 다른 언어에도 존재한다.

구두어・문장어(口頭語・文章語)

말하는 장면과 문장에서 쓰이는 어휘에는 차이가 있다. 이것은 구두어와 문장어의 다음과 같은 특성의 차이에서 생기는 것이다.

구두어 ― 청각에 호소한다. 순간적・감각적・정열적
문장어 ― 시각에 호소한다. 영속적・사고적・논리적

물론, 말하는 장면일지라도 사적・공적으로 구별되며, 공적인 장면에서는 보다 문장어에 가깝다. 문장어라 할지라도 인터넷 상의 채팅 등은 구두어에 가깝다. 이와 같이 양자 사이에 확실한 경계선은 긋기 어렵지만, 일반적으로는 커다란 간격이 있다고 할 수 있다.

구두어와 문장어에서 사용되는 어휘의 차이를 구두어의 관점에서 정리하면, 다음과 같다.

(i) 한자어의 사용이 적다.

(ii) 지시어의 사용이 많다.

(iii) 감동사·간투조사 사용이 두드러진다.

(iv) 종조사 사용이 많다.

(v) 경어 사용이 많다.

　다음으로, 일상 회화 등에 사용되는 동사와 주로 문장에 나타나는 동사를 대응시켜 본다. 보통 구두어에는 고유어가 많고, 문장어에는 한자어가 많이 쓰인다.

구두어와 문장어의 동사

	구두어	문장어
寺を	建てる	造営する
荷物を	運ぶ	運搬する
仕事に	とりかかる	着手する
書類を	配る	配布する
事態が	もつれる	紛糾する

　또한, 사용되는 어휘·용법에 있어 대립이 두드러진 것에 접속 표현이 있다. 예를 들면, 역접의 의미를 나타내는 접속사는 다음과 같이 위에서 밑으로 갈수록 스스럼없는 구두어적인 것에서 격식을 차린 문장어적인 것이 된다.

구두어적

↑
    確かに失敗した。　<u>けど</u>絶望はしていない。

    確かに失敗した。　<u>だけど</u>絶望はしていない。

    確かに失敗した。　<u>けれども</u>絶望はしていない。

    確かに失敗した。　<u>しかし</u>絶望はしていない。

↓
    確かに失敗した。　<u>しかしながら</u>絶望はしていない。

문장어적

언어행동

언어행동이란 단어, 음절, 형태소, 어, 문 등의 각 요소가 구조를 가지고 체계를 만들어 간다는 의미에서의 언어가 아니라 그러한 언어에 의해 사람과 사람이 나누는 커뮤니케이션 행동을 가리킨다. 이 분야에서는 장면에 따른 언어의 교체, 경어, 커뮤니케이션 행동 등의 연구가 이루어진다. 여기에서는 언어행동의 종류와 구성요소를 중심으로 살펴보기로 한다.

언어행동의 종류

언어행동의 종류에는 말하기(집, 직장, 가게, 병원, 길 등), 듣기(텔레비전, 라디오, 강의 등), 쓰기(편지, 서류, 메모 등), 읽기(신문, 잡지, 책 등)의 네 종류가 있다. 이 네 종류의 언어행동이 일상생활에서 실제로 어느 정도 행해지고 있는가를 나타낸 연구에 국어국립연구소가 시행한 시마네켄 마츠에시(島根県松江市)의 연구가 있다. 이 조사에는 조사자의 연령, 성별에 따른 행동의 종류나 전체량이 변화하는 모습이 잘 나타나 있다(하야시 시로 1966).

언어행동의 구성요소

· 장면 요소와 언어교체

장면 요소라는 것은 장소, 상황 등의 공간적 조건, 시간, 시대 등의 시간적 조건, 매체나 접촉방법 등의 조건, 그 상황이 참가자에게 영향을 주는 심리적 조건이 중심이 된다. 다음 회화는 이야기 상대가 같아도 장소나 상황이 바뀜에 따라 언어교체가 일어나는 예이다(오자키 요시미츠 1992).

> 잡담 : ○○ちゃん、今のところ分からなかったから、もう一回説明
> してくれない？
> 회의 : ○○さん、今のところが分からなかったので、もう一度説明
> してください。

이러한 짧은 발화의 언어행동 속에서도 호칭 ○○ちゃん/○○さん, 주격조사 「が」의 유무, 접속표현 から/ので, 어휘의 선택 もう一回/もう一度, 경어의 선택 してくれない/してください 등의 언어변종이 장면과 대응하여 나타나고 있다. 즉, 같은 상대라고 하더라도 장면에 따라서 다른 언어를 사용하는 등 언어교체가 일어나는 것이다.

· 인적 요소와 언어교체

인적 요소는 언어행동의 주체와 상대의 연령, 성별, 출신지, 직업,
학력, 계층, 지위 등의 사회적 요소와 계층, 지위 등의 상하관계, 상대
와의 친분관계 등의 여러 가지 상호관계가 문제가 된다. 화자와 상대
의 관계에 따른 언어교체 연구는 경어, 대우표현의 영역을 중심으로
이루어져 왔다. 다음 도표는 회사에서의 경어사용의 조사결과이다.
전화로 「바로 그쪽으로 가겠다」(「すぐそちらへ行く」)라고 대답할 때
의 동사 「行く」가 상대의 직위에 따라 다르게 나타나는 것을 알 수
있다(스기토 세쥬 1976, 1979, 국어국립연구소 1982).

상대의 계층과 언어선택

	行く(よ・わ)	行きます	参ります・参上(いた)します
부장	0.3	11.2	69.8
과장	1.8	23.9	62.0
주임	8.4	48.0	35.7
기획원	17.5	49.4	13.2
남사무원	24.4	52.3	6.3
여사무원	36.8	53.2	4.6

상대의 직위가 상위일수록 「参ります・参上いたします」등의 겸
양 형식이 많고, 직위가 하위일수록 「行く(よ・わ)」 등의 반말형이
많다는 것을 파악할 수 있다.

언어생활

　언어생활이라는 것은 생활 속에서의 언어의 모습, 구체적으로 말하면 우리들 인간이 생활하는 데 있어서 어떤 종류의 언어행동을 어느 정도 행하고 있는가라는 언어행동의 총체를 가리킨다. 언어생활 연구에서는 연구대상이 되는 생활 속에서의 언어행동의 여러 가지 양상을 우선 개관하는 것이 필요하다. 이를 위해서 우리가 보통 일상 생활 속에서 어떤 종류의 언어행동을 어느 정도 행하고 있는가를 알아야 한다. 이에 관한 국어국립연구소(1981)의 연구결과가 있다. 다음 표는 도쿄, 도요오카(豊岡)의 언어행동의 실태를 나타내고 있는데 이로부터 일상생활의 언어생활의 제 측면을 파악할 수 있다.

가정에서 어떠한 이야기를 하는가?(복수회답)

	도쿄(1974)	도요오카(1984)
일	52.4	47.0%
손님 응대	28.2	33.5
주의, 잔소리	25.5	22.3
상담	25.0	22.9
지시함	24.9	29.0
세일즈맨 등의 응대	21.1	19.5
지시 받음	12.8	14.0
언쟁	4.5	3.7
회답자수	639명	333명

직장에서 어떠한 이야기를 하는가?(복수회답)

	도쿄(1974)	도요오카(1984)
잡담	41.9	30.7%
상담	30.2	19.4
교섭	17.4	10.8
지시함	13.5	14.4
질문	12.5	7.2
지시받음	10.2	11.7
회의	4.9	8.6
회답자수	639명	333명

위 표로부터 도요오카라는 지방의 중소도시와 도쿄라는 대도시를 비교해 보아도 또, 10년의 시간 간격이 있어도 언어 행동의 종류라는 관점에서 본 가정이나 직장에서의 언어 생활은 비교적 안정된 모습을 나타내고 있다.

언어생활의 제 측면

· 매스커뮤니케이션과 퍼스널 커뮤니케이션

언어생활로서 여러 가지 매스컴을 보통 어느 정도 듣거나 읽거나 하는가, 개인적인 전달수단으로서 어떤 매체나 형태를 선택하는가 등의 관점을 말한다. 현대생활의 매스커뮤니케이션 언어행동에 관한 매체인 텔레비전과 신문을 보통 어느 정도 접하고 있는가에 대해 NHK가 1992년에 행한 여론 조사에 의하면 일본인은 평일에는 약 3시간, 일요일은 약 4시간 텔레비전을 접한다고 한다. 또한, 신문의

경우 연령이 올라갈수록 읽는 사람의 비율이 높아지는 반면 세대가
내려갈수록 신문을 접하는 기회가 줄어든다고 한다.

· 언어생활 장소와 언어행동

언어행동이 일어나는 장소 그 자체가 언어생활에 관한 정보의 일
부이다. 예를 들면 국어국립연구소(1980)에 의하면 공적인 장소에서
는 사적인 장소에 비해 고유어의 비율이 낮고 한자어나 외래어의 사
용 비율이 높아지고 화제도 일상, 신변, 가정, 취미, 오락에 관한 화제
보다는 사무나 일에 관한 화제가 많이 나타난다고 한다. 또한, 매스
컴의 시청도 공적장소보다 사적장소에서 많이 나타난다고 한다.

· 언어생활의 정형성(定形性)

이 정형성이 가장 눈에 띄는 언어행동에 일상의 인사 행동을 들
수 있는데 이는 언어생활 연구의 계속적인 연구대상이 되어왔다. 국
립국어연구소(1984)에서는 일상생활에서 반복되는 13종류의 인사장
면에서 일본인과 독일인의 인사행동을 비교하여 표와 같은 결과를
얻었다. 이 표를 살펴보면 일본인은 아침에 일어났을 때와 밤에 잠을
잘 때는 독일인에 비해 적은 데 반해 식사 전후는 많은 것을 알 수
있다. 또한, 본인이나 가족의 외출, 집에 돌아왔을 때의 인사행동도
일본인이 독일인에 비해 적은 것을 알 수 있다. 인사의 종류가 독일
인이 일본인에 비해 훨씬 많은 것으로 보아 일본인의 인사행동의 정
형성을 지적할 수 있다. 예를 들어, 저녁을 먹기 전에 하는 인사에

일본에는 네 종류의 인사의 종류가 보여지는 반면, 독일에서는 54종류의 인사가 보여지고 아침에 옆집 사람을 만났을 때 일본인은 여섯 종류의 인사를 하는 반면 독일인은 67종류의 인사를 하고 있는 것을 알 수 있다.

인사행동의 일독비교

	인사를 하는 비율		인사의 종류	
	일본	독일	일본	독일
아침에 일어나 가족에게	64.7%	92.9%	8종류	55종류
잠잘 때 가족에게	70.9	96.1	12	81
저녁밥 먹기 전에	68.6	65.2	4	54
저녁밥 먹은 후에	71.9	25.6	11	46
외출할 때	85.6	94.9	35	99
외출하는 가족을 배웅할 때	78.8	90.5	28	99
집에 돌아왔을 때	87.6	93.2	12	102
집에 돌아오는 가족을 맞이할 때	80.7	88.1	20	106
아침에 옆집 사람에게	97.4	97.6	6	67
점심에 옆집 사람에게	97.4	98.8	11	74
저녁에 옆집 사람에게	97.4	98.8	14	61
생일에 지인에게	55.9	98.5	39	129
불행한 일이 있었던 사람에게	87.9	95.5	120	127

언어접촉

언어접촉이라는 것은 간접적이든 직접적이든 다른 언어 간의 접촉 현상을 말한다. 이렇게 언어끼리 접촉하여 새롭게 탄생한 언어를 접촉언어라고 한다. 이러한 접촉언어에 피진과 크리올이 있는데 피진

(pidgin)은 공통의 언어를 갖지 않는 사람들 사이에 커뮤니케이션 수단으로 사용되는 보조언어를 말한다. 또한, 크리올(creole)은 피진이 모어로서 사용되는 것을 말한다. 많은 피진은 영어, 프랑스어, 포르투갈어, 네덜란드어 등의 언어 한 가지와 원주민 혹은 이민의 모어를 기초로 두 개의 언어가 조합되어 탄생한다. 예를 들어, 하와이의 피진을 살펴보자. 하와이에서는 사탕수수 밭 등의 노동자로서 일본인과 중국인 등이 현지인들과 같이 일하게 되었는데 그들 사이에서 의사소통을 하기 위해 사용되는 공통어 즉 피진이 사용되게 되었다. 다음은 일본인 이민자와 필리핀 이민자와의 대화이다.

Me cape buy, me check make.
(私、コーヒー、買う、小切手、書く)
Good, dis one. Kaukau anykin' dis one. Philipine islan' no good.
No mo money.
(いい、これ。たたいて、どんなものでも、これ。フィリピンよくない。お金ない)

－아즈마 쇼지(東照二)『사회언어학입문』에서－

이것을 보면 평소에 사용하는 언어와는 상당히 다르다는 것을 알 수 있다. 위의 예는 내가 누구로부터 커피를 사서 수표를 썼는지, 아니면 누군가가 나로부터 커피를 사서 수표를 써 주었는지, 문의 구조로부터는 정확히 알 수가 없다. 밑의 예도 동사가 빠져 있거나 시제를 나타내는 표현이 없거나 평소에 쓰는 표현과는 다르다. 이들 예로부터도 알 수 있듯이 피진의 특징은 문법상의 활용, 어형변화 등이 없다는 것에 있다. 예를 들면, 주어, 목적어를 나타내는 어형변화(영어에서는 I, me)가 없거나 현재나 과거를 나타내는 형태소가 없거나 한다. 이들은 모어의 영향을 강하게 받아 나타나는 현상이다. 이러한 언어를 모어로 사용하게 되면 그것은 피진이 아니라 크리올이라는 하나의 언어가 되는 것이다.

한편, 전국공통어와 지역 방언이라는 동일언어 속의 다른 방언 간에 보이는 접촉현상도 존재하는데 이를 방언접촉이라 하고 접촉 결과 생긴 새로운 방언을 접촉방언이라고 한다. 이 분야에서는 동일 언어 속의 방언과 표준어, 다른 언어와의 접촉에 의한 두 언어의 병용 등에 관한 연구가 이루어진다. 예를 들어, 「塩辛い」를 나타내는 일본 언어지도의 해석에 의하면 이즈(伊豆)에서 관동서(関東西) 남단에 보여지는 어형 「ショッパライ」는 서일본의 「カライ」와 동일본의 「ショッパイ」형태가 결합한 형태라고 설명하고 있다.

언어변화

언어라는 것은 한시도 멈추지 않고 항상 변화하는데 이를 언어변화라고 한다. 공통어화 과정과 방언소멸 과정 연구, 네오방언 발생의 메카니즘과 전파 과정의 규명, 이주와 언어의 변화 등에 관한 연구가 이루어진다.

언어변화의 취급법으로서는 다음과 같은 세 가지 시점이 있다.

(1) 변화의 양식 : 내적변화인가, 외적변화인가

변화가 언어체계 내에 그 요인을 갖는 내적변화인가, 다른 언어의 영향에 의한 외적변화인가라는 관점이다. 내적변화의 요인으로서는 부모가 가지고 있는 문법을 아이가 그대로 계승할 수 없으므로 부모나 주위 사람의 발화데이터를 근거로 스스로 문법을 습득해 가게 되고 그 과정에서 조금씩 문법의 어긋남이 생겨 그것이 누적되어 그전과는 다른 문법이 생겨 언어변화가 일어나는 것이다. 외적변화는 다른 언어와의 접촉에 의한 변화나 같은 언어 사이에서도 지역 방언과 공통어의 접촉으로 인한 공통어화 등의 변화를 예로 들 수 있다.

(2) 변화의 규모 : 구조적인가, 개별적인가

예를 들면 어순이 바뀌는 것처럼 매우 구조적이고 규모가 큰것으로부터 단어 하나가 바뀌는 정도의 개별적이고 규모가 작은 것까지 있다.

(3) 변화의 사회성 : 사회적인가, 순언어적인가

변화가 언어 외의 사회적 측면과 어떤 관련을 갖는가라는 점에 초점을 맞춘다. 예를 들면 현재 일본어에 나타나는 손위 사람에 대한 경어 사용의 감소나 여성의 남성어 사용경향 등은 사회환경, 사회통념 등의 사회적 변화가 초래한 언어상의 변화이다.

언어의식

하나하나의 구체적인 언어형식에 대한 호감이나 미추의 감각, 언어 자체에 대한 신뢰나 불신과 같은 생각, 언어에 의해 감정이나 의사를 표현 전달하는 언어행동에 대한 반성, 앞으로의 언어에 대한 기대, 어떠한 언어사용을 지향할 것인가와 같이 그 영역이나 내용에 관한 다양한 생각을 언어의식이라고 한다. 예를 들어, 이노우에 후미오(1980)의 조사에 의하면 일본의 전국 8지방의 방언에 대한 대학생 550명의 의식 조사에서 일본의 대학생은 도쿄방언에 대해 지적(知的)으로 플러스 평가를 내린 반면 정적(情的)인 면에서 마이너스 평가를 내리고 있다는 것을 알 수 있다. 그에 반해 교토, 오사카 방언 등이 포함되어 있는 긴키 방언에 대해서는 정적으로 플러스 평가를 내리고 있는 반면 지적으로는 마이너스 평가를 내리고 있다고 보고하고 있다.

언어습득

우리들은 태어날 때부터 수년에 걸쳐 부모가 사용하는 언어나 태어난 토지의 말을 습득하는데 이와 같이 최초에 습득하는 언어가 제1언어 혹은 제1방언이다. 한편 제1언어, 제1방언 이외에 텔레비전 등을 통해 표준어를 접하거나 대학입학이나 전근, 전학 등을 통해 모방언 이외의 방언을 습득하기도 한다. 이 분야에서는 제2언어습득, 귀

국자의 일본어습득 프로세스 등의 연구가 이루어진다.

다음에 제시하는 3가지 지식은 일상적인 커뮤니케이션을 행할 때에 빠뜨릴 수 없는 능력으로 제1언어든 제2언어든 그 습득이 요구되는 능력이다.

(1) 문법능력

문법에 맞는 문이나 결속성 있는 문장을 만들어내고 이해하는 능력을 말한다.

(2) 사회언어능력

이야기 상대가 놓여 있는 장면에 맞는 발화를 만들어내는 능력으로, 예를 들어 상황에 맞게 개개의 언어변종을 사용하거나 회화의 순번에 맞게 효과적으로 회화를 구사하는 능력, 사과·의뢰·거절 등의 발화행위를 적절하게 사용하는 능력을 말한다.

(3) 전략(strategy)능력

효과적인 커뮤니케이션을 하기 위해, 혹은 습득 중인 언어에 대한 문법능력이 결여되어 있을 때 생길 수 있는 커뮤니케이션 위기에 대처하는 능력이다. 예를 들어, 어떠한 언어를 모어로 하지 않는 화자가 언어적인 한계에 처했을 때 보디랭귀지를 사용하거나 다른 표현으로 바꾸어 말하거나 그 화제 자체를 회피하는 등의 전략을 말한다.

언어계획

언어계획이라는 것은 어느 공동체 내부에서 사용되는 언어나 변종의 체계, 그 운용의 모습에 그 공동체 속에서 구속력을 부여받고 있는 공적인 기관이 어느 일정 목표를 지향하여 조직적으로 인위적인 통제를 가하는 것이다. 이 영역에서의 토픽은 일본이 전쟁 전, 전쟁 중, 식민지로서 통치하고 있었던 지역에서 일본어 보급계획에 대해 검증하거나 총괄하는 연구가 활발하다. 또한 국어국자문제, 표준어의 보급, 언문일치의 추진, 일본어교육 등에 관한 연구도 이루어지고 있다.

예를 들어 국내외에서 일본어 학습 인구가 꾸준히 늘고 있는 최근에는 국내에서 일본에 체재하고 있는 유학생에 대한 일본어 교육과 일본에 체재하는 일본어 비모어화자를 위한 일본어 계획이, 해외에서는 해외교육 기관의 일본어 교육 지원 계획, 아르헨티나, 브라질, 하와이 등의 해외 일본인계 사회에 대한 일본어 교육을 포함한 지원 계획, 일본어의 국제연합 공용어화 운동 등의 계획들이 이루어지고 있다.

사회언어학의 연구 영역 중 언어습득 분야에서는 언어형성기라는 용어가 자주 사용되고 있는데 이는 일본으로부터 제창된 용어이다. 언어형성기란 한 개인의 언어가 형성되는 시기로 일반적으로 5, 6살부터 13, 14세 사이라고 일컬어진다. 이는 1949년 전쟁으로 인하여 수도권에서 후쿠시마현 시라카와시(福島県白河市)로 집단 이주하여 머무르고 있는 어린이들 약 오백 명을 대상으로 연령과 언어의 상관관계를 조사하여 얻어진 결과를 토대로 주장되었다. 국립국어연구소가 전쟁 이주자 약 오백 명의 어린이들을 조사한 결과 6, 7세까지 시라카와시에 온 어린이들은 수년 사이에 거의 완전한 시라카와시 악센트로 동화된 데 반하여 14세 이상이 되어 이주한 어린이는 거의 영향을 받고 있지 않다는 것이 밝혀졌다.

(사나다 / Long 1997)

잠깐 쉬어가기

東照二(1997)、社会言語学入門－生きた言葉のおもしろさにせまる－、研究社
　　　出版

井上史雄(1980)、方言のイメージの評価語、東京外国語大学論集30

岡野久胤(1902)、標準語について、言語学雑誌 3－2

尾崎喜光(1992)、現代生活と方言－学校生活における方言と共通語の使い分
　　　け－、日本語学 11－2

国立国語研究所(1951)、言語生活の実態－白河市および付近における－、秀
　　　英出版

国立国語研究所(1953)、地域社会の言語生活－鶴岡市における実態調査－、
　　　秀英出版

国立国語研究所(1971)、待遇表現の実態－松江市24時間調査資料から－、秀
　　　英出版

国立国語研究所(1974)、地域社会の言語生活－鶴岡市における20年前との比
　　　較－、秀英出版

国立国語研究所(1980)、日本人の知識階層における語しことばの実熊、科学研
　　　究費研究報告書

国立国語研究所(1981)、大都市の言語生活 分析編、三省堂

国立国語研究所(1982)、企業の中の敬語、三省堂

国立国語研究所(1984)、言語生活における日独比較、三省堂

国立国語研究所(1990)、方言文法全国地図、大蔵省印刷局

真田信治, Long, Daniel編(1997)、社会言語学図集、秋山書店

真田信治他(2003)、社会言語学、おうふう

真田信治(2006)、社会言語学の展望、くろしお出版

杉戸清樹(1976)、職場での敬語、言語生活 295

杉戸清樹(1979)、職場敬語の一実態、言語生活 328

田中春美・田中幸子編(1996)、社会言語学への招待－社会・文化・コミュニケー

　　　ション－、ミネルヴァ書房
ダニエル, ロング・中井精一・宮治弘明編(2001)、応用社会言語学を学ぶ人の
　　ために、世界思想社
林四郎(1966)、「言語行動のタイプ」、『文体論入門』、三省堂
渡辺友左(1977)、「階層と言語」岩波講座日本語2 言語生活、岩波書店

저자약력　이묘희　李妙熙

　　　　　한국외국어대학교 일본어과 졸업
　　　　　한국외국어대학교 대학원 졸업(문학석사)
　　　　　일본 도호쿠대학 대학원 졸업(문학박사)
　　　　　현재 충남대학교 일어일문학과 교수
　　　　　일본어학 전공

　　　　　저서 및 논문
　　　　　『일본어학의 이해』(2004)
　　　　　「日本語の取り立て助詞'すら'の変遷について」(2008)
　　　　　「近代翻訳小説における漢字の考察」(2009)외 다수

현대 일본어학 입문

초판인쇄　2010년 8월 23일
초판발행　2010년 8월 30일

저　　자　이묘희

발 행 처　제이앤씨
발 행 인　윤석현
책임편집　조성희
등록번호　제7-220호

우편주소　(132-702) 서울시 도봉구 창동 624-1 현대홈시티 102-1206
대표전화　(02) 992-3253
전　　송　(02) 991-1285
홈페이지　http://www.jncbms.co.kr
전자우편　jncbook@hanmail.net

ISBN 978-89-5668-805-3 93730　　　　　　　　　　정가 13,000원